ETUDES PRATIQUES
SUR LA
CONSTRUCTION
DES
PLANCHERS ET POUTRES
EN FER

AVEC NOTICE SUR LES
COLONNES EN FER ET EN FONTE

Paris.— Imp. Wiesener, rue Delaborde, 12.

ETUDES PRATIQUES
SUR LA
CONSTRUCTION
DES
PLANCHERS ET POUTRES
EN FER

AVEC NOTICE SUR LES

COLONNES EN FER ET EN FONTE

PAR

César JOLLY et JOLY Fils

INGÉNIEURS CIVILS, CONSTRUCTEURS,

A Argenteuil (Seine-et-Oise).

PARIS

DUNOD, ÉDITEUR

SUCC^r DE CARILIAN-GUEURY ET Ve DALMONT
Libraire des Corps impériaux, des Ponts et Chaussées et des Mines
Quai des Grands-Augustins, 49

—

1863

(Droits de traduction et de reproduction réservés).

1862

INTRODUCTION

Depuis dix ans l'emploi du fer a pris dans la construction des planchers, poutres et combles, une extension sans cesse croissante, due en grande partie à la facilité avec laquelle les forges françaises sont parvenues à laminer ce métal sous une série de formes particulières, qui, employées séparément ou combinées entre elles, permettent, par une application judicieuse, d'obtenir de très grandes portées en réunissant la garantie de la solidité et l'économie de la dépense.

Nous pensons que ce résultat n'a pas été toujours atteint, car, à part la multiplicité de combinaisons plus ou moins bonnes, des sections de fer bien différentes ont été appliquées à des constructions de nature et de dimensions identiques. Ces écarts doivent être, selon nous, attribués à trois causes :

1° A l'absence de bases bien définies sur les charges permanentes à appliquer par mètre superficiel de construction ;

2° Aux variations parfois considérables dans l'évaluation du plus grand effort que le fer peut supporter avec sécurité ;

3° A l'emploi, assez restreint cependant, d'échantillons qui devraient être rayés du catalogue des forges, par suite de la mauvaise répartition de la matière et de la faible résistance qu'ils donnent, comparée à leur poids.

Ces écarts peuvent avoir de fâcheux résultats ; c'est ainsi, par exemple que, pour plusieurs affaires dans lesquelles des cahiers des charges incomplets, laissaient aux entrepreneurs appelés en concurrence le soin de déterminer les dimensions et les poids des fers, des différences très-notables se sont produites entre leurs soumissions à forfait. Ce grave inconvénient, aussi préjudiciable aux propriétaires qu'aux entrepreneurs, ne se reproduirait plus, si des bases uniformes et par conséquent des poids invariables étaient imposés aux concurrents, puisque ces entrepreneurs n'auraient plus pour arrêter le chiffre de leurs propositions à forfait, qu'à se rendre bien compte des prix au kilogramme des diverses catégories du fer à employer.

C'est pour détruire ces abus, notamment en ce qui concerne les travaux de bâtiments, que nous venons exposer notre manière d'envisager cette partie des constructions métalliques au point de vue pratique, en indiquant d'abord les bases qui doivent être, à notre avis, la règle invariable de tous les constructeurs. Nous donnerons ensuite l'indication des charges permanentes que les divers échantillons de fers spéciaux peuvent supporter avec sécurité, charges dont la détermination nous a permis de dresser une série de tableaux, faits avec le plus grand soin, et qui faciliteront, au moment de la rédaction d'un projet, l'évaluation des dimensions et les poids du métal à employer, sans avoir à se livrer aux calculs fort longs que cela exige.

Nous terminerons ce petit travail par quelques notes sur les colonnes en fonte, dont le rôle dans la construction des bâtiments est d'une haute importance et mérite une sérieuse attention. Jusqu'en 1852, les indications théoriques du fer et de la fonte à la compression étaient trop incomplètes pour guider le praticien d'une manière certaine ; mais à cette époque, M. Love, l'habile ingénieur, avec la double autorité de son profond savoir et d'expériences très-sérieuses, a produit dans un de ses ouvrages, les formules et renseignements dont l'application conduit à des résultats économiques et rationnels.

Nous le remercions bien sincèrement de son empressement à nous autoriser à reproduire dans notre travail, tout ce qui, dans le sien, peut être utile au but que nous nous proposons. Nous ne manquerons pas du reste de le citer chaque fois que nous y aurons recours.

César JOLLY et JOLY fils.

Argenteuil, 1er juin 1862.

ÉTUDES PRATIQUES

SUR LA CONSTRUCTION DES

PLANCHERS ET POUTRES

EN FER

AVEC NOTICE SUR LES

COLONNES EN FER ET EN FONTE

CHAPITRE Ier.

§ 1. Nous allons rappeler les formules dont l'usage se rencontre fréquemment dans les questions que nous nous proposons d'examiner.

<small>Formules d'un usage fréquent.</small>

<small>1° Résistance à un effort transversal d'une pièce prismatique encastrée par une de ses extrémités, et sollicitée à l'autre par une force unique P.</small>

Le point d'encastrement étant celui où les fibres qui composent la pièce ont à subir l'effort maximum, c'est en ce point qu'il faut calculer les dimensions de la section transversale dont la résistance totale se compose :

1° De la résistance par traction des fibres comprises entre la ligne des fibres invariables et la partie inférieure de la pièce.

2° De la résistance par compression des fibres comprises entre cette même ligne et la partie supérieure de la pièce.

Il est admis, du reste, que la résistance du fer à la compression se rapproche assez de sa résistance par traction pour que l'on puisse les considérer comme égales, du moins dans les limites de résistance admises en pratique.

Le moment de résistance de la pièce doit être égal au moment de la force P pris par rapport à la section d'encastrement. On a donc :

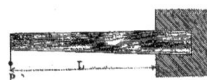

$$PL = \frac{RI}{n} \quad . \quad . \quad (1)$$

Formule dans laquelle :

P = Indique l'effort qui agit à l'extrémité de la pièce normalement à sa longueur.

L = Bras de levier de la force P, ou distance de son point d'application au point d'encastrement.

$\frac{RI}{n}$ = Moment de résistance de la pièce.

R = Coëfficient, ou le plus grand effort que l'on puisse avec sécurité faire supporter à la fibre la plus allongée ou la plus comprimée.

I = Moment d'inertie de la section d'encastrement par rapport à la ligne des fibres invariables.

n = Distance entre la ligne des fibres invariables et la fibre la plus allongée ou la plus comprimée.

La flèche est donnée par la formule :

$$\frac{PL^3}{3} = EIf \dots\dots\dots\dots (2).$$

dans laquelle :

E = Indique le coëfficient d'élasticité.

EI = Moment d'élasticité.

f = La flèche produite, ou quantité dont s'abaisse la pièce au point d'application de la force P.

2° La même pièce au lieu de supporter un poids P à son extrémité, peut être chargée d'un poids p par mètre, uniformément réparti sur sa longueur.

On a alors :

$$pL \times \frac{L}{2} \text{ ou } \frac{pL^2}{2} = \frac{RI}{n} \dots\dots\dots (3).$$

et la flèche est donnée par

$$\frac{1}{8}pL \times L^3 \text{ ou } \frac{pL^4}{8} = EIf \ldots \ldots \ldots (4).$$

D'où il résulte que la même pièce peut supporter une charge uniformément répartie double de celle qui peut être appliquée à son extrémité, avec une flèche réduite aux $\frac{3}{8}$.

3° La même pièce chargée d'un poids P placé à son extrémité, et d'un poids p par mètre uniformément réparti sur sa longueur.

La combinaison des formules précédentes donne :

$$PL + \frac{pL^2}{2} \text{ ou } (P + \frac{pL}{2}) L = \frac{RI}{n} \ldots (5)$$

et pour la flèche on a :

$$\frac{PL^3}{3} + \frac{pL^4}{8} \text{ ou } (\frac{P}{3} + \frac{pL}{8}) L^3 = EIf \ldots (6)$$

4° Pièce reposant sur deux appuis placés à ses extrémités, chargée au milieu de sa longueur d'un poids P.

Cette hypothèse suppose que le poids de la pièce est assez faible pour qu'on puisse le négliger. Cette pièce travaillant comme si elle était encastrée au milieu de sa longueur et sollicitée à chacune de ses extrémités par une force égale à $\frac{P}{2}$, ayant un bras de levier égal à $\frac{L}{2}$; ces valeurs substituées à P et L dans les formules 1 et 2, donnent :

$$\frac{PL}{4} = \frac{RI}{n} \ldots \ldots \ldots \ldots (7)$$

et pour la flèche :

$$\frac{PL^3}{48} = EIf \ldots \ldots \ldots (8)$$

C'est-à-dire que, dans ce cas, la pièce supporte une charge quatre fois plus grande que quand elle est encastrée par une de ses extrémités et chargée à l'autre, et que pour un même poids la flèche est 16 fois plus petite.

5° La même pièce chargée d'un poids p par mètre, uniformément réparti sur sa longueur.

La charge par mètre étant représentée par p, la charge totale sera pL, dont la moitié $\frac{pL}{2}$ substituée à P dans les formules 7 et 8, donne :

$$\frac{pL^2}{8} = \frac{RI}{n} \quad \ldots \ldots \ldots \quad (9)$$

et pour la flèche :

$$\frac{1}{48} \times \frac{5}{8} pL^4 \text{ ou } \frac{5pL^4}{384} = EIf. \quad \ldots \quad (10)$$

D'où il résulte que, dans ce cas, la même pièce peut supporter une charge double avec une flèche égale aux $\frac{5}{8}$, de celles qui résultent de l'application de la charge au milieu de la longueur.

6° La même pièce chargée d'un poids P au milieu de sa longueur, et d'un poids p par mètre uniformément réparti.

Les formules 7, 8, 9 et 10 combinées donnent :

$$\frac{PL}{4} + \frac{pL^2}{8} \text{ ou } \left(P + \frac{pL}{2}\right)\frac{L}{4} = \frac{RI}{n} \quad \ldots \quad (11)$$

et pour la flèche :

$$\frac{PL^3}{48} + \frac{1}{48} \times \frac{5}{8} pL^4 \text{ ou } \left(P + \frac{5}{8} pL\right)\frac{L^3}{48} = EIf. \quad (12)$$

7° Pièce reposant sur deux appuis, chargée d'un poids P placé en un point quelconque de sa longueur.

Appelant l et l' les distances respectives des appuis au point d'application de la force P, de telle sorte que $l + l' = L$, on aura :

$$\frac{Pll'}{L} = \frac{RI}{n} \quad \ldots \quad (13).$$

8° La même pièce chargée, outre le poids P placé en un point quelconque, du poids p par mètre courant uniformément réparti.

On aura :

$$\left(P + \frac{pL}{2}\right) \frac{ll'}{L} = \frac{RI}{n} \quad \ldots \ldots \ldots (14)$$

Lorsque $l = l' = \frac{L}{2}$, c'est-à-dire lorsque le poids est placé au milieu de la longueur de la pièce, les deux formules 13 et 14, deviennent les mêmes que celles 7 et 11.

9° Pièce reposant sur deux appuis placés à ses extrémités, chargée de deux forces égales P, éloignées des appuis d'une distance égale l.

L'équilibre au milieu de la longueur de la pièce est donné par :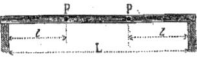

$$Pl = \frac{RI}{n} \quad \ldots \ldots \ldots \ldots (15)$$

10° Pièce encastrée par une de ses extrémités, tandis que l'autre repose librement sur son point d'appui.

Supposons que la pièce soit chargée d'un poids P placé aux distances l et l' du point d'encastrement et de l'appui libre. Il y a indétermination de la position du moment maximum qui sera en A ou en B. Il faut donc par les deux formules suivantes calculer ces deux valeurs et prendre la plus forte.

Le moment en A est $Pl - \frac{P l'}{2 L^2}(3L - l) = \frac{RI}{n}. \ldots (16)$

Id. en B est $\frac{P l'}{2 L^2}(3L - l) l' = \frac{RI}{n}. \ldots \ldots (17)$

11° Pièce encastrée par ses deux extrémités.

Si la pièce est chargé d'un poids P, placé aux distances l et l', des points d'encastrements, il y a comme dans le cas précédent, indétermination sur la position du moment maximum qui sera en C ou en D. Ces deux valeurs déterminées, on choisira la plus forte.

Le moment en C est $\dfrac{P l l'^2}{L^2} = \dfrac{R\,I}{n}$ . . . . . (18)

Id. en D est $\dfrac{2\,P\,l'\,l'^2}{L^3} = \dfrac{R\,I}{n}$ . . . . (19)

Si le poids P est placé au milieu de la longueur L, on aura aux deux points C et D.

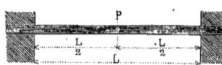

$\dfrac{P L}{8} = \dfrac{R\,I}{n}$ . . . . (20)

Et la flèche sera donnée par : $\dfrac{P L^3}{192} = E\,I\,f$ . . . . (21)

D'où il résulte que la charge que peut supporter la pièce encastrée est double de celle qu'elle supporte lorsqu'elle repose simplement sur deux appuis, avec une flèche quatre fois plus petite.

Si la charge se compose d'un poids p par mètre, uniformément réparti sur la longueur. On a au point C :

$$\dfrac{p\,L^2}{12} = \dfrac{R\,I}{n} \quad \ldots \ldots \ldots \ldots (22)$$

et au point D : $\dfrac{p\,L^2}{24} = \dfrac{R\,I}{n}.$

Et la flèche est donnée par $\dfrac{p\,L^4}{384} = E\,I\,f.$ . . . . (23)

Valeurs de I et de n suivant la forme de la section.
Suivant que la section transversale des pièces a, soit la forme rectangulaire, soit celle d'un double T laminé ou d'un double T composé de tôles et de cornières, les valeurs à substituer à I et à n dans les formules précédentes sont :

1° Pour une section transversale rectangulaire, a représentant l'épaisseur et b la hauteur :

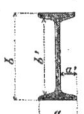

$n = \dfrac{b}{2}$ et $I = \dfrac{a\,b^3}{12}$ d'où $\dfrac{I}{n} = \dfrac{a\,b^2}{6}$

2° Pour une section transversale ayant la forme d'un double T laminé, dont les nervures supérieure et inférieure sont d'égales sections :

$n = \dfrac{b}{2}$ et $I = \dfrac{a\,b^3 - 2\,a'\,b'^3}{12}$

d'où $\dfrac{I}{n} = \dfrac{a\,b^3 - 2\,a'\,b'^3}{6 \times b}$

3° Pour une section transversale ayant la forme d'un double T composé de tôles et de cornières, les nervures supérieure et inférieure étant toujours d'égales sections :

$$n = \frac{b}{2} \text{ et } I = \frac{ab^3 - 2(a'b'^3 + a''b''^3 + a'''b'''^3)}{12}$$

d'où $\frac{I}{n} = \frac{ab^3 - 2(a'b'^3 + a''b''^3 + a'''b'''^3)}{6 \times b}$

§ 2. — Dans les travaux des ponts et chaussées et des chemins de fer, aucune des parties composant une construction en fer ne doit être soumise, soit en traction, soit en compression, à un effort maximun de plus de 6 kilog. par millimètre carré de section. Cette limite a surtout sa raison d'être lorsqu'elle s'applique à des ponts qui, indépendamment des variations de température, sont exposés à des vibrations considérables qui pourraient détériorer promptement les assemblages, si l'on faisait subir au fer un travail plus considérable. Ce coëfficient de sécurité correspond donc à très-peu de chose près au sixième de la charge de rupture, puisque les fers qui composent les pièces d'un pont offrent ainsi que l'indique le § 4° une résistance absolue de 3,500 kilogr. par centimètre carré.

Coëfficients de sécurité applicables aux Planchers et Poutres.

Il serait inexact d'appliquer à toutes les constructions un même coëfficient, car ce coëfficient doit résulter et de la qualité des fers employés et de l'appréciation sur la destination des constructions à faire. On peut donc dans certains cas l'augmenter, sans pour cela compromettre la sécurité.

Planchers. — Les principaux architectes de la capitale font travailler le fer à 10 kilog. dans la construction des planchers, c'est-à-dire entre le tiers et le quart de sa résistance absolue égale pour les fers à double T ordinaires § 6° à 3,475 kilog. par centimètre carré; les applications importantes faites dans ces conditions, telles que celles des hôtels du Louvre et du grand hôtel du boulevard des Capucines justifient par leur bon résultat la valeur de ce coëfficient de sécurité. En effet, les planchers en général, soumis à une température sensiblement constante, n'ont à subir que de très-faibles vibrations momentanées, si on les compare à celles d'un pont de chemin de fer, et de plus, les surcharges prévues, comme on le verra au tableau n° 18, sont largement suffisantes pour offrir une complète garantie.

D'un autre côté, dans la majeure partie des applications, les poids permanents du fer du hourdage et du parquet sont à peu près égaux aux surcharges accidentelles, en sorte que le travail permanent est le plus souvent réduit de 5 à 6 kilog., et il atteint rarement le maximum 10 kilog. par l'addition complète des surcharges prévues.

Sous l'action des charges correspondantes à ce coëfficient de 10 kilog., les barres prennent une flèche momentanée de 1/300 de leur longueur, flèche admissible pour des constructions à petites ouvertures comme celles-ci, mais que la prudence conseille de ne pas dépasser.

Poutres et poitrails. — Dans la construction de grands planchers avec poutres en tôle, une flèche de $\frac{1}{300}$ serait trop considérable pour les poutres, et c'est pour la réduire qu'il convient d'adopter 8 kilog. pour coëfficient de sécurité.

Les poutres ou poitrails, soit en tôle et cornières, soit en fer à double T, employées dans les bâtiments pour ménager de grandes ouvertures aux boutiques des rez-de-chaussée, sont soumises à des charges permanentes considérables, et ne doivent éprouver que de très-légères flexions pour éviter les tassements qui en seraient la conséquence. C'est dans ce but qu'on doit leur appliquer le coëfficient de 6 kilog.

Coëfficient d'élasticité applicable au calcul des flèches.

§ 3. Pour calculer les flèches que prennent les pièces soumises à un effort de flexion, il faut introduire dans les formules la valeur d'un coëfficient E d'élasticité, égal en moyenne, à 18,000,000,000 kilog. par mètre superficiel.

Expériences par traction directe des tôles, cornières et fers plats employés dans la construction des poutres.

§ 4. Les diverses formes de fers employées dans la construction des poutres en tôle ont été soumises à un très-grand nombre d'expériences ayant pour but de déterminer leur résistance à la rupture par traction.

Ces essais, fort détaillés dans l'ouvrage de M. Love (édition 1859), *Sur les diverses résistances et autres propriétés du fer et de la fonte*, ont donné comme moyenne de la rupture par centimètre carré :

1° Pour les tôles tirées parallèlement au laminage..................................	3450 kil.
2° Pour les cornières........................	3450
3° Pour les fers plats laminés en grandes largeurs, employés généralement pour semelles des poutres...	3600
Soit en moyenne générale de...	3500 kil.

pour tous les fers entrant dans la composition des poutres.

Lorsque la tôle, au lieu d'être tirée parallèlement au laminage, l'est perpendiculairement, sa résistance descend de 3450 kil. à 3150 kil. par centimètre carré.

§ 5. Les premiers fers à double T furent fabriqués en 1846 par M. Lagoutte, maître de forges à La Villette, pour la construction des charpentes en fer des bâtiments de machines fixes du chemin de fer atmosphérique de Saint-Germain. A peu près à la même époque, les forges de Montataire exécutèrent les deux échantillons employés pour la construction à Paris, des gares couvertes du même chemin de fer. *Fers à double T.*

L'emploi de ces fers resta fort restreint jusqu'en 1849, époque à laquelle les forges de la Providence créèrent à leur tour une série d'échantillons dont l'application devint alors fréquente, notamment pour la construction des planchers.

Comme aujourd'hui le nombre de profils en double T est assez considérable, le commerce, pour en rendre la désignation plus facile, les a divisé en deux catégories :

1° La première, désignée sous le nom *Fers ordinaires à planchers*, comprend les échantillons à nervures étroites de 0^{m}06 à 0^{m}22 de hauteur.

2° La seconde, appelée *Fers à larges ailes*, à cause des nervures beaucoup plus larges, comprend tous les autres échantillons.

Nous nous servirons donc de ces désignations toutes les fois que, dans le cours de ce petit travail, nous aurons à parler de fers à double T.

§ 6. Des expériences analogues à celles que nous venons d'indiquer § 4°, n'ayant pas, que nous sachions, été exécutées sur les fers à double T, nous les avons faites sur sept échantillons provenant des forges d'Ancy-le-Franc, Ars-sur-Moselle et la *Expérience par traction directe des Fers à double T.*

Providence. Trois de ces échantillons était en double T ordinaire de 0ᵐ16 de hauteur, et les quatre autres en double T larges ailes de 0ᵐ16, 0ᵐ20, 0ᵐ22 et 0ᵐ30 de hauteur.

Pour bien nous rendre compte sur chaque échantillon des variations de résistance de la paroi verticale et des nervures, variations qui résultent des pressions inégales du laminage et de l'emploi pour les nervures de matières supérieures en qualité à celle des parois verticales, nous avons découpé en A et en B pour les doubles I ordinaires, en C, D, E pour les doubles T larges ailes, des barreaux de 0ᵐ30 de longueur sur 0ᵐ01 carré de section.

Chacun de ces barreaux étant soumis séparément à l'expérience, nous avons obtenu les résultats consignés au tableau n° 6 ci-contre.

L'examen de ce tableau confirme que les diverses parties d'un fer à double T présentent des résistances différentes, la plus forte étant le centre des nervures, la moyenne, l'extrémité de ces nervures, et la plus faible, la paroi verticale qui ne présente guère que les 2/3 de la plus forte résistance absolue. Mais il est bon de remarquer que cette paroi concourt peu à la résistance d'une barre soumise à la flexion, et que précisément les nervures qui fatiguent le plus sont celles qui offrent le maximum de résistance.

Les allongements aux points de rupture présentent des différences très-notables, et le peu de longueur des barreaux les ayant rendus presque nuls sous les plus faibles charges, il nous a été impossible de constater jusqu'à quel point ces allongements étaient restés proportionnels aux charges.

De ce qui précède, on doit conclure que les fers à double T sont de même résistance que les tôles et cornières employées dans la construction des ponts ou de poutres isolées.

<small>Note sur les poids au mètre courant des divers échantillons de fers à double T.</small>

§ 7. Les poids au mètre courant indiqués dans les tableaux suivants sont les poids réels d'exécution, supérieurs en moyenne de 1/6 aux poids calculés. Cette différence provient de l'usure des laminoirs par un service prolongé, et dans nos calculs, nous n'avons pas cru devoir tenir compte des augmentations d'épaisseur qui en résultent pour laisser cette latitude à la diminution causée par l'oxydation.

TABLEAU N° 6. *Sur des barreaux de un centimètre carré de section, 0m30 de longueur, extraits de barres de fer en double T.*

EXPÉRIENCES PAR TRACTION DIRECTE

DESIGNATION des FORGES ET DES FERS.	FERS ORDINAIRES.						FERS LARGES AILES.						Indications des barreaux sur la section du double T.
	NERVURES. PARTIE A.		PAROI. PARTIE B.		NERVURES. PARTIE C.				PAROI. PARTIE D.		PAROI. PARTIE E.		
	Poids de Rupture. kilos.	Allongements. m/m	Cassures.	Poids de Rupture. kilos.	Allongements. m/m	Cassures.	Poids de Rupture. kilos.	Allongements. m/m	Cassures.	Poids de Rupture. kilos.	Allongements. m/m	Cassures.	
Forges d'Aucy-le-Franc, T 0m,160 ord lre.	4000	9.4	Grain homogène.	2850	2.4	Lamelleux, petit au bords.	»	»	»	»	»	»	Double T ordinaires
Id. d'Ars-sur-Moselle, T 0m,160 ord lre.	4300	43.1	Nerveuse homogène.	3100	4.1	Lamelleuse.	»	»	»	»	»	»	
Id. de Providence, T 0m,160 ord lre.	3950	42.8	Nerveuse quelques grains.	3450	4.3	Lamelleuse, quelques grains.	»	»	»	»	»	»	
Id. d'Aucy-le-Franc, T 0m,180 larg. A.	»	»	»	»	»	»	3750	Demi nerf et demi grain.	»	9380	0.2	Lamelleuse quelques grains oubliés au 1/5 de l'Ép. pièce.	A
Id. Providence, T 0m,300 id.	»	»	»	»	»	»	3750	36.3	A nerf quelques grains.	3660	17.2	Moitié grain. Moitié nerf.	B
Id. Ars-sur Moselle, T 0m,160 id.	»	»	»	»	»	»	4150	39.5	Nerveuse homogène.	3730	18.4	Lamelleuse quelques grains.	C
Id. T 0m,300 id.	»	»	»	»	»	»	4600	44.4	Nerveuse quelques grains.	1500	0.3	Pelliteuse cassé de cochoure.	D
	»	»	»	»	»	»	»	»	»	3850	30.1	Lamelleuse moitié grain.	E
Moyenne 4083 kilos.				Moyenne 2866 kilos.			Moyenne 4050 kilos.			Moyenne 3935 kilos.		Moyenne 2913 kilos.	
Moyenne des fers ordinaires 3474 kilos.							Moyenne des fers à larges ailes 3495 kilos.						

TABLEAU

FERS A DOUBLE T

SECTIONS.	Poids du mètre.	Valeurs de $\frac{1}{v}$	Valeurs de R.	Charges uniformément réparties aux							
				2 mèt.	2.25	2.50	2.75	3 mèt.	3.25	3.50	3.75
0.06	4 k 50	0,00009651	6	232	206	187	169	155			
			8	308	273	247	224	206			
			10	385	341	308	280	257			
0.07	6 k	0,00014664	6	351	312	281	255	234	216	200	
			8	469	416	375	341	312	288	268	
			10	586	521	468	426	390	360	334	
0.08	7 k	0,00019838	6	475	422	380	345	317	292	272	253
			8	633	564	510	461	423	390	362	338
			10	790	702	635	574	530	486	452	421
0.10	9 k	0,00028506	6	683	607	548	496	455	420	390	364
			8	915	813	730	625	610	563	520	488
			10	1140	1013	915	829	760	704	650	608
0.12	11 k	0,00038014	6	915	813	730	665	610	563	520	488
			8	1220	1084	975	887	810	750	695	650
			10	1520	1351	1220	1105	1015	935	870	810
0.14	14 k	0,00053776	6	1340	1191	1070	974	890	824	765	714
			8	1780	1581	1420	1294	1190	1095	1020	949
			10	2225	1977	1780	1617	1480	1369	1270	1187
0.16	16 k	0,00078137	6	1800	1600	1440	1308	1200	1107	1030	960
			8	2400	2133	1920	1745	1600	1477	1375	1280
			10	3000	2666	2400	2181	2000	1846	1720	1606
0.18	20 k	0,00111975	6	2680	2382	2150	1949	1790	1649	1535	1429
			8	3580	3182	2870	2604	2400	2203	2050	1909
			10	4480	3982	3575	3258	2980	2756	2550	2389
0.20	23 k	0,00143047	6	3400	3022	2720	2472	2270	2092	1950	1813
			8	4550	4044	3640	3308	3025	2800	2600	2427
			10	5680	5048	4550	4130	3780	3495	3250	3029
0.22	26 k	0,000176797	6	4240	3768	3400	3083	2830 / 2609	2425	2261	
			8	5660	5031	4540	4116	3770	3483	3230	3018
			10	7060	6275	5660	5134	4715	4344	4050	3763

N° 7.

ORDINAIRES POUR PLANCHERS.

que chaque échantillon, en barres de 2 à 8 mètres posées librement, peut supporter trois coefficients de sécurité 6, 8 et 10 kilogrammes.

4mèt.	4.25	4.50	4.75	5mèt.	5.25	5.50	5.75	6mèt.	6.25	6.50	6.75	7mèt.	7.25	7.50	7.75	8mèt.
238																
317																
395																
342																
455																
570																
455	430	405	385	365												
608	574	540	513	487												
760	715	675	640	610												
670	630	595	563	535	510	485	466	445								
890	837	790	749	712	678	650	619	593								
1110	1047	990	936	890	847	810	774	740								
900	847	800	758	720	685	653	626	600								
1200	1127	1070	1010	960	914	875	834	800								
1500	1411	1340	1263	1200	1142	1090	1043	1000								
1340	1251	1190	1128	1075	1020	975	932	890	857	824						
1790	1684	1595	1507	1440	1363	1300	1245	1200	1145	1101						
2240	2108	2000	1886	1790	1706	1630	1558	1490	1433	1378						
1700	1600	1515	1431	1360	1295	1240	1182	1140	1088	1050	1007	975	935	906		
2273	2141	2020	1916	1820	1733	1650	1582	1520	1456	1400	1348	1300	1255	1213		
2840	2672	2525	2391	2275	2163	2070	1975	1900	1817	1750	1682	1630	1564	1514		
2120	1995	1880	1764	1700	1615	1540	1474	1415	1356	1300	1256	1210	1169	1130	1094	1060
2665	2530	2520	2383	2270	2156	2060	1968	1880	1811	1740	1677	1620	1561	1510	1460	1415
3330	3332	3150	2974	2830	2689	2575	2455	2360	2259	2175	2091	2020	1944	1880	1821	1770

TABLEAU

FERS A DOUBLE T

SECTIONS	Poids du mètre	Valeur de $\frac{I}{R}$	Valeur de R.	Charges uniformément réparties que							
				$2^{mèt}$	2.25	2.50	2.75	$3^{mèt}$	3.25	3.50	3.75
0m12	15 k	0,000069776	6	1675	1488	1340	1218	1120	1030	960	892
			8	2230	1981	1790	1621	1490	1372	1280	1189
			10	2780	2471	2225	2024	1860	1710	1590	1482
0m14	22k	0,000113919	6	2720	2417	2170	1978	1810	1673	1550	1450
			8	3600	3200	2900	2618	2400	2215	2070	1920
			10	4525	4022	3625	3290	3025	2784	2600	2413
0m16	23k50	0,000135533	6	3250	2888	2600	2363	2170	2000	1860	1733
			8	4325	3844	3460	3143	2880	2661	2470	2307
			10	5400	4800	4340	3927	3620	3333	3100	2880
0m18	25k	0,000160000	6	4080	3626	3270	2967	2725	2501	2335	2176
			8	5450	4844	4350	3963	3630	3353	3125	2906
			10	6800	6044	5450	4945	4550	418.	3880	3626
0m20	30k	0,000227462	6	5459	4852	4367	3970	3639	3389	3119	2911
			8	7278	6470	5822	5293	4852	4479	4159	3881
			10	9098	8087	7278	6618	6066	5599	5159	4852
0m20	34k	0,000288000	6	6840	6080	5472	4974	4560	4209	3915	3648
			8	9120	8106	7296	6632	6100	5612	5220	4864
			10	11400	10133	9120	8290	7610	7015	6530	6080
0m24	40k	0,000361450	6	8674	7710	6939	6308	5783	5338	4957	4627
			8	11566	10280	9252	8411	7710	7117	6609	6168
			10	14438	12840	11566	10515	9638	8897	8262	7710
0m26	45k	0,000443207	6	10684	9497	8547	7770	7123	6575	6105	5698
			8	14246	12663	11397	10360	9497	8766	8140	7597
			10	17808	15826	14246	12950	11872	10959	10176	9498
0m26	50k	0,000475000	6	11400	10133	9120	8290	7600	7015	6514	6080
			8	15200	13511	12160	11054	10133	9330	8685	8106
			10	19000	16888	15200	13818	12666	11692	10857	10133

N° 8.

LARGES AILES POUR PLANCHERS.

chaque échantillon, en barres de 2 à 8 mètres, posées librement, peut supporter aux trois coëfficients de sécurité 6, 8 et 10 kilogrammes.

4$^{mèt.}$	4.25	4.50	4.75	5$^{mèt.}$	5.25	5.50	5.75	6$^{mèt.}$	6.25	6.50	6.75	7$^{mèt.}$	7.25	7.50	7.75	8$^{mèt.}$
840	788	745	708	670												
1115	1049	990	938	892												
1390	1308	1240	1170	1115												
1355	1280	1205	1145	1080	1036	985	946	905								
1810	1694	1600	1516	1445	1371	1315	1252	1205								
2270	2128	2020	1905	1810	1723	1650	1579	1510								
1625	1529	1445	1365	1300	1238	1185	1130	1085	1040	1000	963	930				
2170	2035	1925	1821	1730	1647	1575	1504	1440	1380	1335	1281	1240				
2715	2541	2410	2273	2170	2087	1970	1878	1810	1726	1670	1600	1550				
2040	1920	1820	1718	1635	1554	1485	1419	1360	1305	1255	1208	1165				
2725	2564	2420	2294	2180	2076	1980	1895	1820	1744	1680	1614	1560				
3400	3200	3020	2863	2720	2590	2470	2365	2260	2176	2080	2015	1940				
2729	2568	2427	2294	2183	2079	1985	1898	1819	1746	1679	1617	1559	1506	1455	1408	1366
3639	3425	3235	3081	2911	2772	2646	2534	2426	2329	2239	2155	2079	2008	1940	1878	1819
4549	4282	4044	3830	2639	3466	3308	3165	3033	2911	2799	2696	2600	2510	2426	2348	2274
3425	3219	3040	2880	2735	2605	2480	2370	2280	2185	2110	2026	1960	1886	1825	1765	1710
4570	4291	4050	3840	3655	3474	3320	3172	3045	2918	2815	2702	2615	2515	2435	2353	2280
5710	5364	5080	4800	4575	4352	4150	3965	3800	3648	3520	3377	3270	3144	3040	2941	2850
4337	4082	3855	3652	3469	3304	3154	3017	2891	2775	2660	2570	2478	2392	2313	2238	2168
5783	5442	5140	4872	4626	4406	4205	4023	3855	3704	3558	3427	3304	3190	3084	2984	2891
7229	6803	6426	6087	5783	5508	5257	5029	4819	4626	4448	4283	4131	3988	3855	3731	3614
5342	5028	4748	4498	4273	4070	3883	3710	3551	3419	3287	3165	3052	2947	2849	2757	2671
7123	6704	6331	5998	5698	5427	5180	4955	4748	4558	4383	4224	4070	3929	3790	3676	3561
8904	8380	7914	7498	7123	6784	6475	6194	5936	5698	5479	5276	5088	4912	4748	4595	4452
5700	5364	5060	4800	4570	4352	4150	3965	3800	3648	3500	3377	3260	3144	3040	2942	2850
7600	7153	6770	6400	6070	5790	5520	5287	5070	4864	4680	4503	4330	4193	4050	3922	3800
9500	8941	8440	8000	7600	7238	6900	6608	6320	6080	5830	5629	5430	5241	5050	4903	4750

TABLEAU
FERS A DOUBLE T

SECTIONS	Poids du mètre	Valeurs de $\frac{1}{n}$	Valeurs de R.	Charges uniformément réparties que							
				2 mèt.	2.25	2.50	2.75	3 mèt.	3.25	3.50	3.75
0m12	kilos. 13	0,0000532550	6	1278	1137	1020	929	853	786	730	681
			8	1704	1514	1360	1239	1135	1048	975	909
			10	2130	1893	1700	1549	1420	1310	1215	1136
0m14	17 50	0,000083333	6	2000	1777	1600	1454	1332	1230	1140	1067
			8	2666	2369	2125	1938	1780	1640	1525	1421
			10	3333	2962	2670	2424	2220	2054	1900	1777
0m16	35	0,000123772	6	5375	4777	4300	3909	3580	3308	3075	2866
			8	7150	6355	5700	5200	4750	4400	4400	3812
			10	8900	7944	7150	6472	5950	5477	5100	4746
0m18	32	0,000262329	6	3480	4826	4350	3949	3620	3340	3100	2895
			8	7250	6444	5800	5272	4825	4461	4125	3866
			10	9050	8044	7250	6584	6000	5569	5470	4827
0m18	37	0,000262254	6	6800	5600	5030	4581	4200	3876	3600	3360
			8	8400	7466	6700	6109	5600	5169	4800	4480
			10	10500	9333	8400	7636	7000	6461	6000	5600
0m20	37	0,000286718	6	6881	6116	5504	5004	4600	4234	3930	3669
			8	9179	8158	7340	6675	6125	5648	5250	4895
			10	11468	10193	9175	8340	7650	7087	6550	6116
0m25	45	0,000443500	6	10400	9244	8320	7564	6933	6400	5940	5547
			8	13880	12337	11104	10094	9253	8544	7910	7402
			10	17300	15377	13840	12584	11533	10645	9900	9226
0m30	65	0,000696015	6	16704	14848	13363	12148	11136	10279	9545	8908
			8	22272	19795	17817	16197	14848	13705	12725	11878
			10	27840	24746	22272	20247	18560	17132	15909	14848
0m50	145	0,002378701	6	57088	50745	45670	44518	38059	35129	32622	30448
			8	76118	67660	60894	55358	50745	46840	43494	40596
			10	95148	84576	76118	69198	63432	58552	54370	50745

N. 9.

LARGES AILES ET AILES INÉGALES.

chaque échantillon en barres de 2 à 8 mètres posées librement, peut supporter aux trois coëfficients de sécurité 6, 8 et 10 kilogrammes.

$4^{mèt.}$	4.25	4.50	4.75	$5^{mèt.}$	5.25	5.50	5.75	$6^{mèt.}$	6.25	6.50	6.75	$7^{mèt.}$	7.25	7.50	7.75	$8^{mèt.}$
632	601	568	538	511	486	465	444	426								
850	804	757	717	681	649	620	596	568								
1060	1002	945	897	850	811	772	740	708								
1000	941	890	842	800	761	726	695	665	640	615						
1330	1254	1185	1122	1065	1015	970	927	890	853	820						
1665	1568	1480	1403	1335	1269	1210	1150	1110	1066	1025						
2700	2529	2400	2263	2150	2047	1960	1869	1790	1712	1650	1592	1535				
3575	3364	3175	3010	2850	2723	2600	2487	2380	2288	2200	2118	2040				
4475	4188	3975	3747	3575	3390	3250	3095	2975	2848	2750	2637	2550				
2720	2555	2420	2286	2175	2068	1975	1888	1810	1737	1670	1608	1550				
3620	3411	3220	3052	2900	2761	2625	2521	2415	2320	2225	2148	2070				
4500	4258	4000	3810	3620	3447	3280	3148	3020	2895	2780	2684	2580				
3150	2954	2800	2632	2520	2400	2280	2194	2100	2016	1940	1866	1800				
4200	3952	3725	3537	3350	3200	3050	2921	2800	2688	2580	2488	2400				
5250	4941	4650	4421	4200	4000	3800	3652	3500	3360	3225	3111	3000				
3450	3238	3060	2897	2730	2621	2500	2393	2300	2204	2120	2038	1965	1898	1835	1775	1720
4600	4319	4100	3865	3675	3496	3350	3192	3070	2937	2830	2719	2625	2532	2450	2368	2300
5725	5396	5100	4828	4600	4368	4150	3988	3800	3669	3525	3395	3275	3163	3050	2959	2870
5200	4894	4610	4379	4150	3961	3775	3617	3460	3328	3190	3081	2960	2869	2770	2684	2600
6940	6531	6150	5844	5550	5287	5030	4828	4620	4441	4260	4114	3960	3829	3700	3581	3470
8650	8141	7700	7284	6920	6590	6300	6017	5780	5536	5330	5125	4935	4472	4620	4464	4320
8350	7860	7400	7033	6700	6363	6080	5814	5570	5345	5150	4919	4770	4608	4450	4310	4175
11150	10480	9900	9377	8900	8484	8100	7746	7490	7127	6850	6599	6370	6144	5950	5747	5570
13900	13101	12350	11722	11100	10605	10100	9683	9270	8908	8550	8248	7950	7680	7400	7184	6950
28544	26865	25371	24037	22835												
38059	35820	33830	32049	30447												
47574	44775	42288	40062	38059												

Motifs de la préférence à accorder aux doubles I poids minimum.

§ 11. Nous avons dit que plusieurs échantillons qui figurent aux albums des forges, ne devraient jamais être employés à cause de la mauvaise répartition de la matière et de la faible résistance qu'ils offrent, comparée à leur poids. Notre observation s'applique spécialement à tous les doubles T *poids maximum*, que l'on obtient avec le même outillage par un plus grand écartement des cylindres.

Prenons pour exemple le double T de 0 m. 16 c. de hauteur ; une barre du poids minimum de 16 kilog., l'autre du poids maximum de 27 kilog. le mètre. Nous ferons observer d'abord que les seules différences qui existent entre ces deux fers, par le fait du plus grand écartement des cylindres, consistent dans l'épaisseur de l'âme portée de 8 à 16 millimètres et la largeur des nervures supérieures de 48 à 56 millimètres.

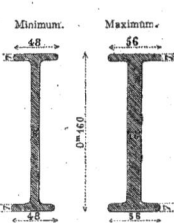

Le tableau n° 7 indique que le fer de 0 m. 16 c., pesant 16 kilog., peut supporter, à 5 m. de longueur, une charge uniformément répartie de 1,200 kilog. le mètre, à 10 kilog. de tension.

En calculant la charge correspondante pour le même fer, poids maximum de 27 kilog, on a (§ 1, formule n° 9).

$$\frac{pL^2}{8} = R \times \frac{I}{n} \text{ dans laquelle } L = 5^m.00,\ R = 10,000,000$$

$$\text{et } \frac{I}{n} = \frac{ab^3 - a'b'^3}{6 \times b}$$

$$\frac{I}{n} = \frac{0.056 \times 0.\overline{16}^3 - 0.04 \times 0.\overline{146}^3}{6 \times 0^m,16} = 0,000.109.261,$$

$a' = 0.04\ b' = 0.146$
$a = 0.056\ b = 0.16$ d'où $p = \frac{80.000.000}{25} \times 0,000.109.261 = 349^k,60$

et pour 5 mètres de longueur P $= 349,60 \times 5 = 1748^k$.

L'augmentation d'épaisseur de la paroi verticale a donc accru sa résistance de 1200 à 1748 kilog.

Or, le tableau n° 7 fait voir qu'un fer double T de $0^m,18$ pesant 20 kilog. le mètre, c'est-à-dire 7 kilog. de moins que le maximum du $0^m,16$ peut supporter à 5 mètres 1790 kilog. D'autre part, si des circonstances spéciales s'opposaient à l'augmentation de hauteur, le tableau n° 8 indique que le fer larges ailes de $0^m,14$ de hauteur, pesant 22 kilog. le mètre, c'est-à-dire 5 kilog. de moins, peut supporter 1810 kilog.

Il s'ensuit donc qu'une charge étant donnée, il faut rechercher le fer de la hauteur nécessaire pour la supporter, en conservant toujours le poids minimum des échantillons.

§ 12. Les fers à double T larges ailes sont, sous le rapport de l'économie de poids, plus avantageux que les doubles T ordinaires.

Avantages des doubles I larges ailes.

Ainsi, en comparant à hauteurs égales les poids au mètre courant et les résistances des échantillons contenus aux tableaux n°s 7 et 8, on trouve : que, pour les hauteurs de $0^m,12$ à $0^m,22$, le rapport moyen des poids étant de 1 pour les fers ordinaires, à 1,37 pour les larges ailes, les résistances croissent dans la proportion de 1 : 1,76 ; d'où il résulte qu'en moyenne les larges ailes donnent à poids égal une résistance de 0,36 plus élevée que les fers ordinaires.

Nous aurons l'occasion d'indiquer que, pour certaines parties des constructions de bâtiments où l'on accouple deux barres de double I ordinaire, il y aurait économie à y substituer une seule barre de larges ailes.

§ 13. Sous l'influence d'une émulation que l'on ne saurait assez encourager, les forges de Commentry ont essayé depuis quelque temps la fabrication d'un fer double I de $0^m,50$ de hauteur pesant 145 kilog. le mètre courant, destiné à remplacer les poutres en tôle et cornières ; cette tentative révèle les efforts progressifs de la métallurgie, mais elle a jusqu'à présent l'inconvénient de ne produire que des longueurs restreintes comparées à celles des tôles et cornières.

Fer à double I de 0^m50 de hauteur.

Il reste donc sur ce point un dernier progrès à accomplir et qui consisterait à donner à ces fers de $0^m,50$, au moyen d'un laminage plus puissant, une longueur proportionnée à leur section et à en diminuer le prix. Jusque-là les poutres en tôles et cornières conserveront le double avantage d'une diminution de poids et d'une économie de prix, ainsi que cela résulte des calculs comparatifs suivants :

La valeur de $\dfrac{I}{n}$ tirée de la formule § 1ᵉʳ, n° 1 est

pour le fer à 1,0ᵐ,50 de hauteur.

$$\frac{I}{n} = \frac{0,16 \times \overline{0,50}^3 - 0,145 \times \overline{0,446}^3}{6 \times 0,50}$$

$$\frac{I}{n} = \frac{0,0071362}{3} = 0,002378701.$$

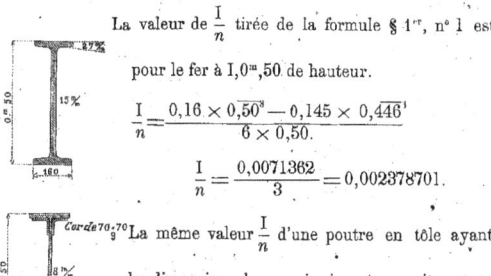

La même valeur $\dfrac{I}{n}$ d'une poutre en tôle ayant les dimensions du croquis ci-contre serait :

$$\frac{1}{n} = \frac{0,16 \times \overline{0,50}^3 - (0,012 \times \overline{0,456}^3 + 0,122 \times \overline{0,448}^3 + 0,018 \times \overline{0,326}^3)}{6 \times 0,50}$$

$$\frac{I}{n} = \frac{0,0071925}{3} = 0,0023975.$$

Soit sensiblement la même que le fer à double I.

Le parallèle entre les poids de ces deux profils donne :

Poids du mètre courant du fer à double I = 145 kilog.
Idem de la poutre en tôle = 112

Soit en faveur de la poutre en tôle une économie de 35 kilog. par mètre ou 22,75 0/0, économie supérieure à la différence de prix existant entre ces deux combinaisons.

Fers en U renversé.

§ 14. Parmi les différentes formes des fers pour planchers, et indépendamment de celle des fers à double I généralement employée, il y en a une dont nous devons parler, parce qu'on a vivement appelé sur elle l'attention des constructeurs ; c'est celle d'un U renversé. A défaut d'études comparatives faites entre ces fers et ceux à double I de même hauteur à larges ailes, nous allons par le calcul déterminer leur résistance et la comparer aux résultats déjà connus pour les autres fers. Pour que le parallèle soit concluant, nous choisirons deux échantillons de hauteurs et de poids égaux ; soit le U renversé de 0,20 de hauteur, pesant 37 kilog. le mètre, pour le comparer au double T, larges ailes de 0^m20 de hauteur et de 37 k. le mètre, indiqué tableau n° 9.

Le fer en U renversé (figure A du croquis ci-contre) n'est autre chose qu'un fer à double T (figure B). Or, avant de démontrer son infériorité par le calcul, le simple examen de la section B fait voir :

1° Que l'inégalité des sections des nervures produit une mauvaise condition de résistance, ainsi que le prouvent les expériences de M. le général Morin, rapportées aux *Annales du Conservatoire des Arts-et-Métiers* (octobre 1860). La plus faible nervure se trouve précisément à la partie supérieure soumise à la compression, et comme cette résistance est plutôt inférieure à celle par traction, il s'ensuit qu'en poussant la charge jusqu'à rupture, la barre céderait par écrasement de la partie supérieure avant que la partie inférieure cédât par arrachement.

2° Dans le calcul du moment d'inertie de la section, la résistance est proportionnelle au carré des épaisseurs placées dans le sens vertical, tandis qu'elle n'est proportionnelle qu'à la simple épaisseur de celles qui sont dans le sens horizontal; ce qui revient à dire que l'âme verticale doit être réduite au minimum de l'épaisseur qui convient à la fabrication pour donner aux nervures supérieures et inférieures la plus grande section possible. Or, le fer en U renversé a 16 millimètres d'épaisseur de paroi verticale, tandis que le double T de $0^m,20$ n'a que 10 millimètres; d'où il suit que ce dernier échantillon a par l'égalité de poids, des nervures plus fortes qui constituent sa supériorité.

Les calculs indiqués ci-contre donnent pour le fer en U renversé :

$$\frac{I}{n} = 0,000.188.519$$

et sa résistance à $L = 5^m,00$ pour une charge uniformément répartie, faisant $R = 10,000,000$.

$$\frac{pL^2}{8} = R\frac{I}{n}, \text{ soit } p = \frac{8R}{L^2} \times \frac{I}{n}, \text{ d'où}$$

$$p = \frac{80,000,000 \times 0,000.188.519}{25} = 603 \text{ kil}, 20$$

et pour 5,00 de long $603^k,20 \times 5^m = 3016$ kilog.

Tandis que le double T larges ailes de $0^m,20$ de même poids peut supporter à 5 mètres 4600 kilog., soit environ 50 0/0 de plus.

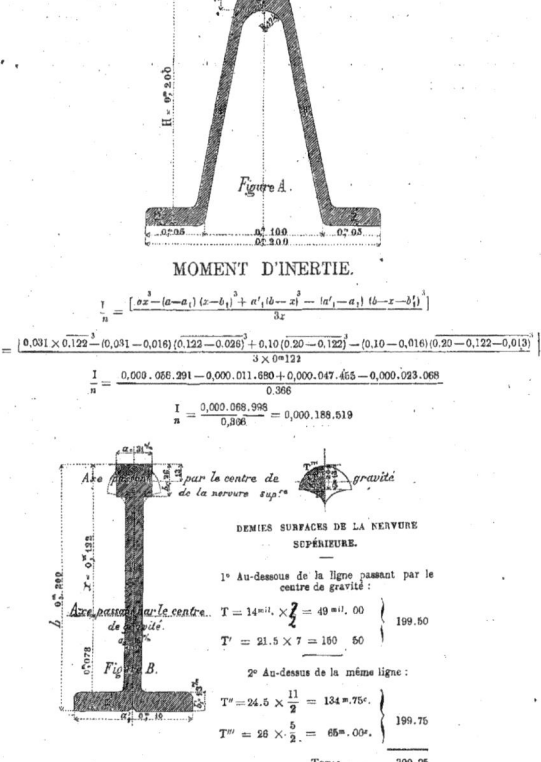

Figure A.

MOMENT D'INERTIE.

$$\frac{I}{n} = \frac{\left[ox^3 - (a-a_1)(x-b_1)^3 + a'_1(b-x)^3 - (a'_1-a_1)(b-x-b'_1)^3\right]}{3x}$$

$$\frac{I}{n} = \frac{\left[0,031 \times \overline{0,122}^3 - (0,031-0,016)(0,122-0,026)^3 + 0,10(0,20-0,122)^3 - (0,10-0,016)(0,20-0,122-0,013)^3\right]}{3 \times 0^m 122}$$

$$\frac{I}{n} = \frac{0,000.055.291 - 0,000.011.680 + 0,000.047.465 - 0,000.023.068}{0.366}$$

$$\frac{I}{n} = \frac{0,000.068.998}{0,366} = 0,000.188.519$$

Figure B.

DEMIES SURFACES DE LA NERVURE SUPÉRIEURE.

1° Au-dessous de la ligne passant par le centre de gravité :

$T = 14^{mil.} \times \frac{7}{2} = 49^{mil.}00$
$T' = 21.5 \times 7 = 150.50$ } 199.50

2° Au-dessus de la même ligne :

$T'' = 24.5 \times \frac{11}{2} = 134^m.75^c.$
$T''' = 26 \times \frac{5}{2} = 65^m.00^c.$ } 199.75

TOTAL........ 399.25

Nous avons la conviction qu'une expérience comparative faite sur ces deux échantillons confirmerait les résultats que nous venons d'indiquer.

Le fer en U renversé, considéré par barres isolées, présente par sa base une plus grande assiette, mais cet avantage perd sa valeur dans presque toutes les constructions où les barres sont toujours reliées à des distances proportionnées à leur longueur totale. En résumé, ce fer est comme tant d'autres formes spéciales d'un bon usage pour des travaux dans lesquels des considérations particulières font sacrifier une partie de la résistance aux dispositions du profil.

CHAPITRE II.

PLANCHERS

RÈGLES GENERALES

§ 15. — Dans l'introduction de ce travail nous avons attribué à l'absence de règles bien définies les écarts considérables qui se sont parfois produits entre les soumissions à forfait de plusieurs entrepreneurs appelés en concurrence. La preuve de notre assertion résulte de l'erreur commise par un assez grand nombre de praticiens qui admettent qu'en exécutant tous les planchers pour résister à une charge de 280 kilog. par mètre superficiel, ils obtiennent les garanties de solidité indispensables à une bonne construction.

<small>Un poids permanent de 280 kil. par mètre superficiel est insuffisant.</small>

C'est une complète erreur pour la majorité des applications, surtout en ce qui concerne les constructions de Paris. Il suffit pour s'en convaincre de décomposer ce poids qui, dans le cas général d'un hourdage en plâtre, ne laisse qu'une surcharge insignifiante ou même nulle. On a en effet le détail suivant pour un plancher de dimensions ordinaires :

Poids permanent. $\begin{cases} \text{Hourdage en plâtre de } 0^m,140. & 195^k \\ \text{Lambourdes et parquets.} & 24^k \\ \text{Scellement des lambourdes.} & 30^k \\ \text{Poids permanent du fer.} & 25^k \end{cases}$ 274 kil.

Surcharge accidentelle. . . 6 kil.

Total. . . . 280 kil.

Avec un hourdage en briques creuses dont le poids permanent est réduit à 225 kilog. la surcharge serait de 55 kilog.; c'est dans cette seule hypothèse que l'application des 280 kilog. deviendrait à peine suffisante, du moins dans les cas les plus ordinaires.

Dans les constructions de Paris, un tel point de départ doit nécessairement entraîner des mécomptes ; il conduit il est vrai à des constructions économiques, mais qui, par des flexions supérieures aux limites rationnelles, gercent les plafonds et peuvent à la longue causer de sérieux embarras.

Notre conclusion, appuyée sur les faits et sur l'avis des architectes les plus compétents auxquels nous avons soumis nos évaluations, est que : les dimensions des planchers doivent varier proportionnellement aux charges accidentelles qui résultent de l'importance des constructions et de la destination des locaux.

Animés du désir d'éclairer cette importante question, nous examinerons les deux éléments principaux qui composent les poids totaux permanents à appliquer au mètre superficiel, c'est-à-dire les hourdages et les diverses surcharges accidentelles.

Surcharges accidentelles par mètre superficiel. § 16. Les planchers des bâtiments d'habitation peuvent se diviser en quatre séries à chacune desquelles il convient d'appliquer une surcharge accidentelle différente.

La première série correspondant à une surcharge de 76 kilog. par mètre superficiel comprendrait :

1° Les maisons d'habitation ordinaires.

2° Les planchers des étages lambrissés sans comble, les chambres à coucher et cabinets de tous les étages pour les maisons de l'importance de celles de Paris.

Tous ces locaux ne reçoivent en effet que des réunions peu nombreuses dont le poids, joint à celui des meubles, ne doit pas dépasser les 76^k que nous proposons ; ce poids correspond à 1 personne 16 en prenant pour poids moyen d'une personne 65 k.

Composé de : homme........ 75^k femme...,... 55 } en moyenne. 65.$^{kil.}$

La deuxième série correspondant à une surcharge de 101 kilog. par mètre superficiel, comprendrait les salons et pièces de réceptions, plus spécialement aux troisièmes et quatrièmes étages qui peuvent avoir à supporter des réunions plus nombreuses, mais n'atteignant jamais l'importance de celles des étages inférieurs.

La troisième série correspondant à une surcharge de 130 kilog. ou deux personnes par mètre carré, s'appliquerait aux grands salons et pièces de réceptions, plus spécialement aux premiers et deuxièmes étages, qui se composent d'appartements plus vastes, où sont souvent données des soirées dansantes. Les vibrations qui en résultent produisent à poids égal des flexions plus considérables que celles qui résultent de l'application d'un poids mort. Il est donc naturel d'adopter une surcharge plus considérable qu'aux autres étages.

La quatrième série correspondant à une surcharge de 200 kil. comprend les magasins et boutiques des rez-de-chaussée. Bien que les marchandises soient généralement d'un faible poids proportionnellement à leur volume, elles produisent cependant une surcharge plus considérable que celles que nous avons admises pour le premier et le deuxième étage.

Edifices publics. — Les pièces qui composent les édifices publics peuvent se diviser en trois classes.

1° Bureaux, salles ordinaires.
2° Salons pour les assemblées ordinaires.
3° Salons pour les grandes réunions.

Pour tenir compte de la plus grande durée que doivent représenter ces constructions, nous pensons qu'il faut appliquer à la première classe la surcharge de 176 kilog. correspondant environ à la troisième série des maisons d'habitation et à la deuxième classe la surcharge de 201 kilog. correspondant à la quatrième série.

Quand à la troisième classe, comprenant les salons pour les grandes réunions qui peuvent à certains moments devenir une foule compacte, nous pensons qu'il est utile d'y porter la surcharge à 280 kilog. soit 4 personnes 30 par mètre superficiel.

§17.

Les Hourdis les plus usités sont de deux espèces ; ceux exécutés en plâtre et platras et ceux exécutés en briques creuses.

Poids permanent des Hourdis plus généralement employés.

1re Espèce. — Les hourdis en plâtras sont généralement droits à la partie inférieure et concaves à la partie supérieure (avec le système d'entretoises que nous indiquerons plus loin, cette surface serait droite). L'épaisseur moyenne est de $0^m,14$ et le poids du mètre cube, de 1400 kilog. Il est essentiel de tenir compte du poids du plâtre employé aux scellements des lambourdes, bien que ce dernier détail soit ordinairement négligé, ce qui nous paraît un tort : aussi le rétablissons-nous ici. Voici du reste comment se décompose le poids permanent pour des épaisseurs de planchers de $0^m,30$, de $0^m,35$ et $0^m,40$.

Plancher de $0^m,30$.
- Hourdis de $0^m,11$ et enduit de $0^m,03$ à 1400^k. 195^k
- Lambourdes $2,50 \times 0,034 \times 0,08$
- Parquet de $0,027$. } $0^m,0338$ à 700^k. 24
- Scellements des lambourdes, augets et chaînes
  $0,022$ à 1400^k. 30
- Poids permanent du fer. 25

Total du poids permanent pour plancher de $0^m,30$. __274__

Plancher de $0^m,35$.
- Hourdis et enduit. . . . . 195^k
- Lambourdes et parquet 24
- Scellements des lambourdes
  $0,036$, à 1400^k. } 50
- Fer. 30

Total du poids permanent pour plancher de $0^m,35$. . . __299^k__

Plancher de $0^m,40$.
- Hourdis et enduit. . . . . 195^k
- Lambourdes et parquet. 25
- Scellements des lambourdes
  $0,043$ à 1400^k. } 65
- Fer. 35

Poids permanent d'un plancher de $0^m,40$. . . __320^k__

2ᵐᵉ Espèce. — Le même hourdis composé de briques creuses de $1^k,85$ chacune en comprendrait 35 par mètre carré ; en ajoutant au poids des briques celui du plâtre servant à la liaison et à l'enduit, celui des scellements de lambourdes, on arrive aux poids suivants :

Plancher de $0^m,30$
- Lambourdes, parquet et fer.............. 50ᵏ
- 35 briques à $1^k 85$....................... 65
- Plâtre de l'enduit........................ 80
- Scellements des lambourdes............. 30

Poids permanent pour plancher de $0^m,30$.... 225ᵏ

Plancher de $0^m,35$.
- Lambourdes, parquet et fer.............. 50ᵏ
- Briques et plâtre........................ 145
- Scellements des lambourdes............. 50

Poids permanent pour plancher de $0^m,35$... 245ᵏ

Plancher de $0^m,40$.
- Lambourdes, parquets et fer............. 50ᵏ
- Briques et plâtre........................ 145
- Scellement des lambourdes.............. 65

Poids permanent d'un plancher de $0^m,40$... 260ᵏ

Les détails de surcharges accidentelles et de poids permanents qui précèdent, résumés au tableau suivant, donnent les charges totales permanentes correspondant à chacune des cinq séries, que nous avons adoptées dans les deux hypothèses d'un hourdage soit en plâtre soit en briques creuses.

§ 19. — En dehors des charges permanentes que nous avons énumérées et que résume le tableau n° 18, il en est une assez importante, celle des cloisons de distributions à laquelle il est impossible d'assigner à l'avance une valeur bien déterminée. Elle dépend, en effet, de leur hauteur très-variable, du poids résultant de l'épaisseur et des matériaux employés, et enfin de la position que ces cloisons occupent, soit parallèlement soit perpendiculairement aux solives.

Nous allons indiquer le mode d'appréciation qui permettrait en toute circonstance d'avoir recours aux tableaux que nous donnons sur les dimensions et poids du fer des diverses séries de planchers.

Cloisons de distributions.

TABLEAU N° 18.

Évaluation des charges totales permanentes, indispensables pour qu'il y ait proportion entre les dimensions des fers des planchers et les surcharges accidentelles, variables selon la nature des locaux.

DÉSIGNATION DES PIÈCES.	INDI-CATION des SÉRIES.	Épaisseur des planchers en centimètres.	PLANCHERS HOURDÉS EN PLÂTRE.				PLANCHERS HOURDÉS EN BRIQUES CREUSES.			
			CHARGES PAR MÈTRE SUPERFICIEL.				CHARGES PAR MÈTRE SUPERFICIEL.			
			Poids permanent du hourdage, du fer et du parpain. Kilog.	Surcharge accidentelle supposée permanente. Kilog.	CHARGES TOTALES. Kilog.	Nombre de personnes correspondant à la surcharge.	Poids permanent du hourdage, du fer et du parpaing. Kilog.	Surcharge accidentelle supposée permanente. Kilog.	CHARGES TOTALES. Kilog.	Nombre de personnes correspondant à la surcharge.
Maisons ordinaires dont les planchers n'ont à recevoir que des réunions peu nombreuses.										
Planchers des étages lambrissés sous comble.	1re Série	20	274	76	350	1.16	225	75	300	1.15
Chambres à coucher de tous les étages.	2e Série	35	299	101	400	1.85	245	105	350	1.6
Cabinets — —										
Grandes Maisons. Salons et pièces de réceptions. (Plus spécialement les 3e et 4e étages.)	3e Série	35	320	130	450	2.00	260	140	400	2.15
Grands salons et pièces de réceptions. (Plus spécialement des 1er et 2e étages.)	3e Série	35	299	201	500	3.09	254	205	459	3.15
Magasins ou boutiques des rez-de-chaussée appelés à recevoir des marchandises d'un faible poids comparé à leur volume.	4e Série	35	274	176	450	2.70	225	175	400	2.70
Bureaux, salles ordinaires.	3e Série	30								
Édifices publics. Salons pour les assemblées ordinaires.	4e Série	35	299	201	500	3.09	245	195	450	3.15
Salons pour les grandes réunions.	5e Série	40	320	280	600	4.30	260	290	550	4.46

Supposons d'abord le cas le plus simple, celui d'une cloison placée parallèlement aux solives, et prenons pour exemple une portée de 6^m,00 avec une hauteur d'étage de 3^m,25. La cloison d'une surface de 6^m × 3^m,25 = 19^m,50 exécutée en bois et plâtre à 0^m,08 d'épaisseur, du poids de 100 kilog. le mètre superficiel, chargerait la solive sur laquelle elle vient s'appuyer d'un poids supplémentaire de 19^m,50 × 100^k = 1950^k.

Si le plancher auquel elle s'applique doit résister à 400 kilog. par mètre superficiel et se composer par conséquent de solives en double I de 0^m,20 de hauteur pesant 23 kilog. le mètre, nous voyons par le tableau n° 7 qu'il faudrait, ainsi du reste qu'on le fait habituellement, placer une deuxième solive en même fer pour supporter cette cloison.

Ce n'est pas toutefois la combinaison la plus économique, car le poids réuni des deux barres étant de 46 kilog. le mètre, le tableau n° 9 nous indique qu'un fer larges ailes de 0^m,20 de hauteur du poids de 37 kilog. le mètre peut supporter la même charge avec une économie de 9 kilog. par mètre ou 19,50 °/$_0$.

Dans le deuxième cas d'une cloison perpendiculaire aux solives, le moyen le plus simple consiste à évaluer l'excédant de poids qu'elle produit par mètre superficiel de plancher Ainsi par exemple supposons une pièce de 6^m,00 dans le sens des solives, sur 6^m,30 (fig.1) devant supporter à 1^m,60 de l'un des points d'appui des barres, une cloison de 3^m,25 de hauteur, exécutée en bois et plâtre à 0^m,08 d'épaisseur. Son poids total sera de 6^m,30 × 3^m,25 =

$20^m,47 \times 100^k = 2047^k = $ P agissant aux distances l et l' des appuis.

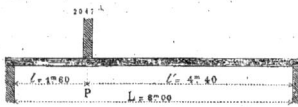

Si nous désignons par P' la charge uniformément répartie correspondant au poids P de la cloison, nous aurons :

$$\frac{Pll'}{L} = \frac{P'L}{8} \text{ d'ou } P' = \frac{8Pll'}{L^2} \text{ soit } P' = \frac{8 \times 2047^k \times 1,60 \times 4.40}{6^2}$$

$= 3202$ kilog. qui, uniformément répartis sur la surface totale du plancher de $6^m \times 6^{\text{a}},30 = 37^m,80$ correspondent par mètre superficiel à $\frac{3202}{37,80} = 84^k 70$

Il en résulte que si le plancher que nous venons d'indiquer devait, dans les conditions du tableau n° 18, supporter une charge de 400 kil. par mètre superficiel, il faudrait par l'addition d'une cloison placée transversalement aux solives à $1^m,60$ de l'un des points d'appui, ajouter environ 100 kilog. par mètre superficiel, et avoir recours au tableau des dimensions de planchers correspondant à une charge totale de 500 kilog. par mètre superficiel.

<small>De l'accroissement de résistance dû au cintre et scellement des solives, ainsi qu'à leur entretoisement et au hourdage.</small>

§ 20. — Il est admis en principe par quelques praticiens, que le cintre et scellement des solives joints à l'entretoisement et au hourdage, ajoutent à la résistance des planchers une plus-value notable qui, appréciée d'après plusieurs expériences, peut se traduire par une valeur fixe qu'on doit ajouter aux résultats obtenus par la formule du solide posé librement sur deux appuis.

Nous ne partageons que sur un seul point l'opinion de ces praticiens, et de plus nous pensons que dans aucune circonstance il n'est prudent d'attribuer à cette plus-value une valeur déterminée, car elle dépend uniquement de la bonne combinaison des fers et de l'exécution parfaite des maçonneries.

Il est donc utile pour expliquer notre appréciation sur ce point, de passer successivement en revue chacune des raisons invoquées.

Cintre trop prononcé des solives. — Pour attribuer une augmentation de résistance au cintre très-prononcé que l'on donné aux solives, il faut les considérer dans la position d'un arc invariablement bûté par ses extrémités. Non-seulement cette condition n'est pas remplie, mais il serait dangereux pour l'obtenir de compter sur la rigidité des murs, qui par leur grande hauteur et les poussées réunies des planchers, seraient infailliblement jetés au vide.

L'absence de butées bien admise, et il ne saurait y avoir doute sur ce point, reste à savoir si considérant la solive posée librement sur ses appuis, la courbure a de l'influence sur sa rigidité. La preuve négative résulte d'expériences comparatives faites sur une même barre par M. le général Morin, et dont il rend compte aux annales du Conservatoire, d'octobre 1860. Dans sa première expérience, la concavité de la barre était à la partie inférieure ; dans la deuxième, cette barre avait été retournée pour présenter sa concavité à la partie supérieure. Les résultats de ces deux expériences ayant été les mêmes, il faut en conclure que la courbure n'augmente en rien la rigidité des pièces.

Bien au contraire, il résulte de cette disposition que les solives sous l'action du poids permanent qu'elles ont à supporter, ne perdant qu'une très-faible partie de la flèche qui leur a été donnée, il faut pour faire disparaître le complément de ce cintre et obtenir des plafonds droits, mettre une surcharge de plâtre dont le double inconvénient est d'augmenter la dépense et de faire supporter aux fers un excédant inutile du poids permanent. — Nous concluons donc qu'en bonne pratique, non-seulement la courbure des barres ne produit aucune plus-value de résistance, mais qu'il convient de réduire cette courbure à de plus faibles proportions basées sur le maximum de flexion des solives sous l'action des poids permanents qu'elles auront à supporter. C'est ce que nous indiquerons § 37.

Scellement des solives. — Il eut été très-intéressant au point de vue économique de pouvoir considérer les solives comme encastrées par leurs extrémités, puisque dans ce cas leur résistance théorique eut été augmentée dans la proportion de 2 à 3. Mais aussi ce résultat pour être atteint, suppose une longueur de portée suffisante et un scellement invariable sous l'action des charges permanentes maximum. Ces scellements tels qu'ils s'exécutent en général, s'éloignent trop des données théoriques et de leur application pratique, pour qu'on puisse leur attribuer comme règle générale dans toutes les constructions, une partie de l'accroissement de résistance de l'encastrement, alors que cet accroissement ne se produira que par une exécution irréprochable. Le plus souvent les solives ne peuvent avoir qu'une longueur d'appui très-limitée, surtout dans les façades ; elles sont enveloppées de matériaux irréguliers, liés par du plâtre ou mortier offrant de très-faibles résistances à l'écrasement, et qui peuvent se désagréger facilement surtout s'il vient à s'opérer un tassement dans l'ensemble de la construction.

L'examen approfondi de cette question ne nous ayant conduits à aucun moyen pratique du scellement invariable des barres, nous pensons que jusqu'à ce que cette difficulté soit vaincue, il est préférable de s'en tenir aux scellements ordinaires, sans négliger quelques observations capables de les améliorer Nous reviendrons sur ce sujet § 36, lorsqu'il sera question de la longueur des points d'appui.

Entretoisement et hourdage des solives. — Sur ce point et c'est le seul, nous partageons l'avis des praticiens qui attribuent au hourdage un accroissement de résistance dans l'ensemble du plancher, à la condition toutefois qu'il ne sera soumis à aucun effort capable de le rompre ou de le détacher des fers ou des murs extrêmes sur lesquels chaque rectangle vient se buter.

L'effort le plus à craindre et le plus contraire à ce résultat, consiste dans le déversement de la nervure supérieure des solives, par suite de l'effort de compression auquel elle est soumise, effet qui en raison de la faible largeur des nervures, s'accroît considérablement avec l'augmentation de portée.

Ce n'est donc que par un entretoisement rigide des barres qu'on peut empêcher leur déversement, et malheureusement dans l'état actuel de la construction des planchers, c'est ce qui manque totalement. Pour atténuer en partie ce défaut d'unité du fer, on a été conduit pour embrasser la hauteur totale des solives, à donner à la partie supérieure du hourdage, une forme concave que M. le général Morin blâme avec raison au n° 316 de son ouvrage *sur la résistance des matériaux, quand il dit :*

« Le mode de construction employé pour remplir les inter-
« valles laissés par les parties en fer de cette charpente, produit
« comme on l'a vu, une flexion des solives qui n'est pas l'effet

« du poids seul des matériaux : Par la forme en cuvette donnée
« aux hourdis, les efforts de dilatation qui se développent au
« moment de la prise du plâtre étant obliques, leurs composantes
« horizontales peuvent se détruire, mais les composantes ver-
« ticales s'ajoutent et produisent l'abaissement que l'on a
« signalé. *Il est probable qu'un meilleur mode de travail, ou
« d'autres formes données aux hourdis, corrigeraient en partie
« cet effet.* »

Nous indiquerons § 23, les moyens à employer pour obtenir un entretoisement convenable et peu coûteux, offrant en outre la possibilité de faire droite la partie supérieure des hourdis, afin d'éviter l'effort vertical qui résulte de la forme concave généralement adoptée.

Si en principe nous admettons l'accroissement de résistance dû aux hourdages, il nous paraît impossible de lui assigner une valeur déterminée. On ne peut que dire que le coëfficient de sécurité que nous avons indiqué § 2, sera de fait réduit d'une quantité égale à cet accroissement, variable selon la plus ou moins bonne exécution.

PREMIER SYSTEME DE PLANCHERS
AVEC SOLIVES COMPOSÉES DES FERS A DOUBLE T DÉSIGNÉS SOUS LE NOM DE FERS A PLANCHERS.

(TABLEAU N° 7.)

§ 21. — La combinaison la plus généralement adoptée (fig. 3), consiste dans l'emploi de solives A en fer à double T, placées parallèlement, la section du fer et l'écartement des barres variant selon la charge et la plus ou moins grande dimension du plancher.

Description de ce système.
(Détails pl. 1re).

Entre ces solives, des chevêtres B en fer carré (fig. 4) espacés d'environ 0^m,75, sont coudés aux extrémités en forme de Z pour embrasser la hauteur du double T et s'appuyer sur le rebord inférieur. — Ils reçoivent des carillons C placés parallèlement aux solives à des distances variant de 0^m,20 à 0^m,30.

L'ensemble de ces chevêtres et carillons forme une série de petits rectangles dont le but est de lier le hourdage, formé lui-

— 40 —

même de grands rectangles ayant pour longueur celle des solives, et pour largeur l'écartement qui existe entre elles.

Imperfections de ce premier système de planchers.

§ 22. — En examinant § 20 la question de l'augmentation de résistance due au hourdage, nous avons eu l'occasion de faire remarquer que l'entretoisement rigide était le seul moyen d'obvier au déversement de la nervure supérieure des solives, pour profiter des avantages d'un plâtrage bien fait.

La plus grande critique que l'on puisse faire de la combinaison actuelle des planchers, consiste précisément dans l'absence de cet entretoisement ; il en résulte qu'assez souvent le hourdage se gerce, perd son effet utile et laisse chaque solive agir presque isolément.

Les chevêtres et carillons que l'on emploie (fig. 4) sont tellement imparfaits de combinaison, souvent même de construction, que non-seulement ils ne sauraient être considérés comme entretoises rigides, mais qu'ils ne remplissent même que très-imparfaitement le but principal de leur emploi, celui de la liaison du plâtrage. En effet, les crochets de ces chevêtres sont des assemblages trop primitifs et trop peu résistants pour maintenir l'écartement et surtout le déversement des solives ; les petits rectangles qu'ils forment avec les carillons étant placés à la partie inférieure du hourdage, n'aident en rien à sa liaison et semblent au contraire destinés à le supporter.

Le but principal de ces combinaisons a toujours été d'éviter la main-d'œuvre, en employant le fer en quelque sorte à l'état brut. Ces raisons sont-elles suffisantes pour exclure un léger travail, s'il doit en résulter de grands avantages pour la solidité et la durée de la construction ? Nous le pensons d'autant moins que nous proposons d'adopter une combinaison qui, sans augmentation de dépense, répond aux objections que nous venons de signaler.

Modifications qu'il serait utile d'apporter.

(Détails pl. 1re).

§ 23. — Ces modifications consistent (fig. 5) dans la suppression des chevêtres que l'on remplacerait par des entretoises rigides D, et dans la substitution aux carillons de barres longitudinales E de petites cornières offrant cet avantage de consolider le hourdage en même temps qu'elles aideraient sa liaison.

Les entretoises D (fig. 6) espacées au double des chevêtres ordinaires, c'est-à-dire à 1^m,50, auraient pour résultat d'établir la solidarité des solives et d'empêcher le déversement de la nervure supérieure, par un assemblage à gousset de tôle boulonné. La nervure horizontale de ces entretoises et la petite cornière longitudinale s'appuyant directement dessus dans l'axe de l'intervalle de deux solives consécutives, seraient placées à une hauteur calculée pour qu'elles correspondissent autant que possible au milieu de l'épaisseur du hourdage (fig. 6) dont elles formeraient la liaison efficace.

De cette disposition il ressort également que le hourdage est divisé en petits rectangles de longueur égale à l'écartement des entretoises ; que par suite il offre à épaisseur égale une résistance aux vibrations plus considérable que dans les dispositions actuelles, qui laissent chaque rectangle abandonné sur la longueur totale des solives.

L'adoption de cette combinaison ôtant les craintes d'une déformation quelconque de l'ensemble du fer, le hourdage en cuvette à la partie supérieure n'a plus sa raison d'être, et doit par les motifs indiqués § 20, s'exécuter préférablement en ligne horizontale. Les entretoises en cornières devraient être conservées en supprimant seulement les petites cornières longitudinales, lors même qu'il s'agirait d'un hourdage en poteries ou en briques, car elles seraient utiles à la solidarité et au maintien des barres dans un plan vertical. Il faudrait dans ce cas descendre la section horizontale de la cornière sur la nervure inférieure du double T, comme l'indique la figure 7.

Il n'y aurait pas affaiblissement des solives par les trous de 12 à 15 millimètres des boulons d'assemblage, puisqu'ils devraient être pratiqués dans l'axe neutre de la partie verticale qui concoure à la résistance dans une faible proportion. — Ces trous ne sauraient donc être une objection à la combinaison que nous venons d'indiquer.

L'expérience nous fait encore insister sur l'importance de cette modification qui permettrait à l'entrepreneur, au moment de la pose d'un plancher, de le bien régler et de maintenir invariablement les solives. — Cette rigidité ne pouvant être obtenue avec les chevêtres ordinaires, il arrive presque toujours que les barres se dérangent lorsque avant le hourdage, les maçons viennent y déposer les matériaux destinés à la construction des murs, et les scellent là où elles ne devraient pas être.

Dimensions à donner aux entretoises rigides et aux petites cornières longitudinales.

§ 24. — Avec le système actuel, il est admis comme règle générale d'exécuter les chevêtres en fer carré de 16, 17 ou 18 millimètres suivant l'écartement des solives et de varier l'espacement des carillons de 11 millimètres, de 0^m,25 à 0^m,30.

Nous suivrons une marche analogue, et pour ne pas multiplier à l'infini les détails de construction, nous diviserons en trois séries égales, les écartements compris entre le *minimum* 0^m,55 et le *maximum* 1^m,00, donnant à chacune d'elles les dimensions suivantes :

1re SERIE. — ÉCARTEMENTS DE SOLIVES DE 0^m,55 A 0^m,69.

Entretoises rigides en cornières de $\dfrac{40 \times 40}{5}$ de 3^k.35 le mètre.

Petites cornières longitudinales de $\dfrac{20 \times 20}{4}$ de 1^k.20 le mètre.

2e SERIE. — ÉCARTEMENTS DE SOLIVES DE 0^m,70 A 0^m,84.

Entretoises rigides en cornières de $\dfrac{45 \times 45}{6}$ de 2^k.20 le mètre.

Petites cornières longitudinales de $\dfrac{25 \times 25}{4}$ de 1^k.50 le mètre.

3e SERIE. — ÉCARTEMENTS DE SOLIVES DE 0^m,85 A 1^m,00.

Entretoises rigides en cornières de $\dfrac{50 \times 50}{6}$ de 4^k.60 le mètre.

Petites cornières longitudinales de $\dfrac{30 \times 30}{5}$ de 2^k.20 le mètre.

Nous ferons remarquer que par suite de la division du hourdage en petits rectangles, et de la substitution, aux carillons, de cornières bien supérieures en résistance, une seule barre longitudinale nous a paru suffisante pour tous les écartements. Sa distance des solives devant par suite varier de 0^m,275 à 0",50, nous avons porté la longueur de branche de cette cor-

— 43 —

nière, de $0^m,02$ qu'elle a aux écartements *minimum* à $0^m,03$ pour les écartements *maximum*.

Ces données jointes au nombre d'entre-toises (planche n° 1ᵉʳ, fig. 8) pour correspondre à chaque longueur de solives de 2 à 8 mètres, servent à déterminer le poids du mètre superficiel indiqué dans les tableaux suivants.

§ 25. — Nous avons dit § 22, que l'application d'entre-toises rigides et de cornières longitudinales dont nous proposons l'emploi, pouvait se faire sans augmentation de dépense.

Dépense comparative des chevêtres et carillons avec la nouvelle combinaison proposée.

Cela résulte en effet de la comparaison suivante faite sur une travée de $6^m,00$ d'ouverture dans œuvre, composée de solives de $0^m,20$ de hauteur espacées de $0^m,79$ d'axe en axe.

1° CHEVÊTRES ET CARILLONS ORDINAIRES.

Les chevêtres étant espacés de $0^m,75$, il en faut 7 pour une travée de $6^m,00$. Sur la largeur de 0^m79, il faut également 2 cours de carillons espacés de $0^m,263$, ce qui produit les poids suivants :

7 chevêtres de $1^m,40$ de longueur, ensemble $9^m,80$ de fer carré de 16 millimètres pesant 2 kilog. le mètre... 19 60
$12^m,50$ compris portés sur les murs et croisements des barres, de carillons de 11 millimètres pesant un kilog. le mètre.................................. 12 50

Total.............. 32ᵏ 10

La surface correspondante étant de $6^m,00 \times 0^m,79 = 4^m,74$.

Le poids par mètre superficiel est de $\frac{32,10}{4,74} = 6^k 77$.

3° ENTRETOISES RIGIDES ET CORNIÈRES LONGITUDINALES.

Les entretoises étant espacées de $1^m,50$, il en faut trois pour une travée de $6^m,00$; un seul cours de cornière longitudinale d'après les motifs indiqués § 24, ce qui produit les poids suivants :

3 entretoises composées de :
3 parties de cornière de chaque $0,77 = 2^m,31$
6 équerres de chaque $0,18 = $ 1 08

Ensemble.............. $3^m,39$

Cornière de $\dfrac{45 \times 45}{6}$ pesant 4 kilog. le mètre............ $13^k 56$

6 goussets des entretoises en tôle de 5 millimètres
d'une surface totale de $0^m,10$................................ 3 90

6 boulons de 15 millimètres assemblant les entretoises aux solives....................................... 0 50

1 cours de cornière longitudinale de $6^m,20$ de lon-
gueur, cor. $\dfrac{20 \times 20}{4}$ pesant $1^k 50$ — 9 30

Total........................ $27^k 26$

correspondant à la même surface de $4^m,74$ soit par mètre superficiel $\dfrac{27,26}{4,74} = 5^k 75$.

D'où il résulte en faveur de cette dernière disposition une économie par mètre superficiel de $1^k 02$ ou 15 pour 100, suffisante pour couvrir l'augmentation à allouer à l'entrepreneur par suite du prix plus élevé des cornières, comparées aux fers carrés, et de la plus grande main-d'œuvre qu'occasionnera cette combinaison.

En présence de ce résultat, nous n'avons pas hésité à remplacer dans les tableaux suivants les poids des chevêtres et carillons par ceux des entre-toises rigides et cornières longitudinales.

Il sera toujours très-facile aux personnes qui ne partageraient pas notre avis d'établir la différence de poids des deux systèmes.

TABLEAU N° 26

Classification des hauteurs à donner aux solives proportionnellement aux longueurs et aux charges par mètre carré.

Longueurs des solives.	CHARGES PAR MÈTRE CARRÉ DE :						
	300 kil.	350 kil.	400 kil.	450 kil.	500 kil.	550 kil.	600 kil.
2m »	0m07	0m08	0.08	0m10	0m10	0m12	0m12
2 25	0 08	»	0 10	»	0 12	»	0 14
2 50	»	0 10	»	0 12	»	»	0 14
2 75	0 10	»	0 12	»	0 14	0 14	»
3 »	»	0 12	»	»	0 14	»	»
3 25	0 12	»	»	0 14	»	0 16	0 16
3 50	»	»	0 14	»	»	0 16	»
3 75	»	0 14	»	»	0 16	»	»
4 »	0 14	»	»	0 16	«	»	0 18
4 25	»	»	0 16	»	»	0 18	»
4 50	»	0 16	»	»	0 18	»	»
4 75	0 16	»	»	0 18	»	»	0 20
5 »	»	»	0 18	»	»	0 20	»
5 25	»	0 18	»	»	0 20	»	»
5 50	0 18	»	»	0 20	»	»	0 22
5 75	»	»	0 20	»	»	0 22	»
6 »	»	0 20	»	»	0 22	»	»
6 25	0 20	»	»	0 22	»	»	»
6 50	»	»	0 22	»	»	»	»
6 75	»	0 22	»	»	»	»	»
7 »	0 22	»	»	»	»	»	»
7 25	»	»	»	»			
7 50	»	»	»				
7 75	»	»	»				
8 »							

TABLEAU

Dimensions et poids des fers des planchers de 2 à 8 mètres d'ouverture,

COEFFICIENT

	SOLIVES					
	LONGUEURS			SECTIONS.		Écartements des Solives.	Surface correspondant à chaque Solive.
sous œuvre.	de chaque scellement.	TOTALES.	en hauteur.	Poids du mètre.		
2m 00	0 15	2 30	0m 07	6k 00	0 97	1mr 94
2 25	0 15	2 55	0 08	7 00	1 05	2 30
2 50	»	2 80	»	»	0 85	2 12
2 75	0 15	3 05	0 10	9 00	1 01	2 78
3 00	»	3 30	»	«	0 84	2 52
3 25	0 15	3 55	0 12	11 00	0 97	3 15
3 50	»	3 80	»	»	0 83	2 90
3 75	»	4 05	»	»	0 72	2 70
4 00	0 20	4 40	0 14	14 00	0 92	3 68
4 25	»	4 65	»	»	0 82	3 48
4 50	»	4 90	»	»	0 69	3 10
4 75	0 20	5 15	0 16	16 00	0 89	4 23
5 00	»	5 40	»	»	0 80	4 00
5 25	»	5 65	»	»	0 73	3 83
5 50	0 25	6 00	0 18	20 00	0 99	5 45
5 75	»	6 25	»	»	0 90	5 17
6 00	»	6 50	»	»	0 83	4 98
6 25	0 25	6 75	0 20	23 00	0 97	6 06
6 50	»	7 00	»	»	0 90	5 85
6 75	»	7 25	»	»	0 83	5 60
7 00	0 25	7 50	0 22	26 00	0 96	6 72
7 25	»	7 75	»	»	0 89	6 45
7 50	»	8 00	»	»	0 84	6 30
7 75	»	8 25	»	»	0 79	6 12
8 00	»	8 50	»	»	0 74	5 92

N° 27.

chargés d'un poids permanent de 300 kilos par mètre carré.

R = 10 Kos.

SOLIVES	ENTRETOISES			CORNIÈRES LONGITUDINALES		POIDS
Poids par mètre carré.	Quantité par travée.	Sections des Cornières.	Poids par mètre carré.	Sections des Cornières.	Poids par mètre carré.	TOTAUX par mètre carré.
7k 11	1	50×50 / 6	2k 73	30×30 / 5	2k 60	12k 44
7 55	1	»	2 42	»	2 42	12 40
9 24	1	»	2 26	»	2 90	14 40
9 87	1	»	2 14	»	2 42	14 43
11 78	1	45×45 / 6	1 78	25×25 / 4	1 96	15 52
12 40	2	50×50 / 6	3 82	30×30 / 5	2 47	18 69
14 41	2	45×45 / 6	3 28	25×25 / 4	1 96	19 65
16 50	2	»	3 20	»	2 25	21 95
16 74	2	50×50 / 6	3 35	30×30 / 5	2 63	22 72
18 70	2	45×45 / 6	2 91	25×25 / 4	2 00	23 61
22 12	2	40×40 / 5	2 54	20×20 / 4	1 89	26 55
19 48	3	50×50 / 6	4 56	20×30 / 5	2 68	26 72
21 60	3	45×45 / 6	4 03	25×25 / 4	2 02	27 65
23 60	3	»	3 98	»	2 13	29 71
22 01	3	50×50 / 6	4 04	30×30 / 5	2 42	28 47
24 18	3	»	4 02	»	2 65	30 85
26 10	3	45×45 / 6	3 55	25×25 / 4	1 96	31 61
25 61	4	50×50 / 6	5 09	30×30 / 5	2 45	33 15
27 52	4	»	5 04	»	2 63	35 19
29 77	4	45×45 / 6	4 53	25×25 / 4	1 94	36 24
29 01	4	50×50 / 6	4 86	30×30 / 5	2 45	36 32
31 24	4	»	4 87	»	2 64	38 75
33 02	4	45×45 / 6	4 36	25×25 / 4	1 90	39 28
35 03	5	»	5 62	»	2 02	42 67
37 33	5	»	5 64	»	2 15	45 12

TABLEAU

Dimensions et poids des fers des planchers de 2 à 8 mètres d'ouverture

COEFFICIENT

	SOLIVES.					
LONGUEURS			SECTIONS		Écartements des Solives.	Surface correspondant à chaque Solive.
dans œuvre.	de chaque scellement.	TOTALES.	en hauteur.	Poids du mètre.		
2m 00	0 15	2 30	0m 08	7k 00	1 12	2mc 24
2 25	»	2 55	»	»	0 90	2 02
2 50	0 15	2 80	0 10	9 00	1 04	2 60
2 75	»	3 05	»	»	0 87	2 39
3 00	0 15	3 30	0 12	11 00	0 97	2 91
3 25	»	3 55	»	»	0 83	2 70
3 50	»	3 90	»	»	0 71	2 48
3 75	0 20	4 15	0 14	14 00	0 91	3 41
4 00	»	4 40	»	»	0 78	3 12
4 25	»	4 65	»	»	0 70	2 97
4 50	0 20	4 90	0 16	16 00	0 85	3 82
4 75	»	5 15	»	»	0 76	3 61
5 00	»	5 40	»	»	0 68	3 40
5 25	0 25	5 75	0 18	20 00	0 93	4 88
5 50	»	6 00	»	»	0 83	4 67
5 75	»	6 25	»	»	0 77	4 42
6 00	0 25	6 50	0 20	23 00	0 90	5 40
6 25	»	6 75	»	»	0 83	5 18
6 50	»	7 00	»	»	0 77	5 00
6 75	0 25	7 25	0 22	26 00	0 89	6 00
7 00	»	7 50	»	»	0 82	5 74
7 25	»	7 75	»	»	0 77	5 58
7 50	»	8 00	»	»	0 72	5 40
7 75	»	8 25	»	»	0 67	5 19
8 00	»	8 50	»	»	0 63	5 04

N° 28.

chargés d'un poids permanent de 350 kilos par mètre carré.

R = 10 K.

SOLIVES Poids par mètre carré.	ENTRETOISES.			CORNIÈRES LONGITUDINALES.		POIDS TOTAUX par mètre carré.
	Quantité par travée.	Sections des Cornières.	Poids par mètre carré.	Sections des Cornières.	Poids par mètre carré.	
7k 19	1	$\frac{50\times50}{6}$	2k 75	$\frac{30\times30}{5}$	2k 26	12k 20
8 84	1	»	2 54	»	2 78	14 16
9 69	1	»	2 34	»	2 37	14 40
11 49	1	»	2 22	»	2 81	16 52
12 47	1	»	2 10	»	2 49	17 06
14 46	2	$\frac{45\times45}{6}$	3 58	$\frac{25\times25}{4}$	1 97	20 01
16 85	2	»	3 51	»	2 30	22 66
17 04	2	$\frac{50\times50}{6}$	3 64	$\frac{30\times30}{5}$	2 68	23 36
19 74	2	$\frac{45\times45}{6}$	3 20	$\frac{25\times25}{4}$	2 12	25 06
21 95	2	»	3 14	»	2 34	27 43
20 52	2	$\frac{50\times50}{6}$	3 32	$\frac{30\times30}{5}$	2 82	26 66
22 83	3	$\frac{45\times45}{6}$	4 39	$\frac{25\times25}{4}$	2 14	29 36
25 41	3	$\frac{40\times40}{5}$	3 82	$\frac{20\times20}{4}$	1 90	31 13
23 56	3	$\frac{50\times50}{6}$	4 25	$\frac{30\times30}{5}$	2 54	30 35
25 69	3	»	4 85	»	2 82	33 36
28 28	3	$\frac{45\times45}{6}$	3 75	$\frac{25\times25}{4}$	2 12	34 15
27 68	3	$\frac{50\times50}{6}$	4 02	$\frac{30\times30}{5}$	2 64	34 34
29 97	4	$\frac{45\times45}{6}$	4 79	$\frac{25\times25}{4}$	1 95	36 71
32 20	4	»	4 77	»	2 10	39 07
31 41	4	$\frac{50\times50}{6}$	5 12	$\frac{30\times30}{5}$	2 65	39 18
33 97	4	$\frac{45\times45}{6}$	4 60	$\frac{25\times25}{4}$	1 95	40 52
36 11	4	»	4 60	»	2 08	42 79
38 51	4	»	4 61	»	2 22	45 34
41 32	5	$\frac{40\times40}{5}$	5 13	$\frac{20\times20}{4}$	1 90	48 35
43 84	5	»	5 15	»	2 02	51 01

TABLEAU

Dimensions et poids des fers des planchers de 2 à 8 mètres d'ouverture,

COEFFICIENT

SOLIVES.					Écartements des Solives.	Surface correspondant à chaque Solive.
LONGUEURS			SECTIONS.			
dans œuvre	de chaque scellement.	TOTALES.	en hauteur.	Poids du mètre.		
2ᵐ 00	0ᵐ 15	2 30	0ᵐ 08	7ᵏ 00	0 99	1ᵐᶜ 98
2 25	0 20	2 65	0 10	9 00	1 12	2 52
2 50	»	2 90	»	»	0 91	2 28
2 75	0 20	3 15	0 12	11 00	1 00	2 75
3 00	»	3 40	»	»	0 85	2 55
3 25	»	3 65	»	»	0 72	2 34
3 50	0 20	3 90	0 14	14 00	0 91	3 19
3 75	»	4 15	»	»	0 79	2 96
4 00	»	4 40	»	»	0 69	2 76
4 25	0 25	4 75	0 16	16 00	0 83	3 53
4 50	»	5 00	»	»	0 74	3 33
4 75	»	5 25	»	»	0 67	3 18
5 00	0 25	5 50	0 18	20 00	0 89	4 45
5 25	»	5 75	»	»	0 81	4 25
5 50	»	6 00	»	»	0 74	4 07
5 75	0 25	6 25	0 20	23 00	0 86	4 95
6 00	»	6 50	»	»	0 79	4 74
6 25	»	6 75	»	»	0 73	4 56
6 50	0 30	7 10	0 22	26 00	0 84	5 46
6 75	»	7 35	»	»	0 78	5 27
7 00	»	7 60	»	»	0 72	5 04
7 25	»	7 85	»	»	0 67	4 86
7 50	»	8 10	»	»	0 63	4 73
7 75	»	8 35	»	»	0 59	4 57
8 00	»	8 60	»	»	0 55	4 40

N° 29.

chargés d'un poids permanent de 400 kilos par mètre carré.

R = 10 Kos.

SOLIVES Poids par mètre carré.	ENTRETOISES. Quantité par travée.	Sections des Cornières.	Poids par mètre carré.	CORNIÈRES LONGITUDINALES. Sections des Cornières.	Poids par mètre carré.	POIDS TOTAUX par mètre carré.
8k 13	1	50×50 / 6	2k 40	30×30 / 5	2k 30	12k 03
9 46	1	»	2 18	»	2 20	13 84
11 47	1	»	1 98	»	2 65	16 10
12 60	1	»	1 99	»	2 40	16 99
14 67	1	»	1 73	»	2 80	19 20
16 77	2	45×45 / 6	2 65	25×25 / 4	2 25	21 67
17 10	2	50×50 / 6	2 96	30×30 / 5	2 60	22 66
19 63	2	45×45 / 6	2 50	25×25 / 4	2 05	24 18
22 32	2	40×40 / 5	2 07	20×20 / 4	1 88	26 27
21 53	2	45×45 / 6	2 37	25×25 / 4	1 95	25 85
24 02	2	»	2 26	»	2 18	28 46
26 42	3	40×40 / 5	2 93	20×20 / 4	1 95	31 30
24 72	3	50×50 / 6	3 70	30×30 / 5	2 65	31 07
27 06	3	45×45 / 6	3 28	25×25 / 4	2 00	32 34
29 48	3	»	3 21	»	2 15	34 84
29 26	3	50×50 / 6	3 44	30×30 / 5	2 70	35 40
31 54	3	45×45 / 6	3 09	25×25 / 4	2 02	36 65
34 05	4	»	4 07	»	2 20	40 32
33 81	4	»	4 30	»	1 90	40 01
36 26	4	»	4 08	»	2 06	42 40
39 36	4	»	4 08	»	2 20	45 64
42 00	4	40×40 / 5	3 71	20×20 / 4	2 90	48 61
44 52	4	»	3 70	»	2 00	50 22
47 51	5	»	4 86	»	2 24	54 61
53 09	5	»	4 67	»	2 30	60 06

TABLEAU

Dimensions et poids des fers des planchers de 2 à 7 mètres 50

COEFFICIENT

	SOLIVES.					
LONGUEURS			SECTIONS		Écartements des Solives.	Surface correspondant à chaque Solive.
dans œuvre.	de chaque scellement.	TOTALES.	en hauteur.	Poids du mètre.		
2ᵐ 00	0 20	2 40	0ᵐ 10	9ᵏ 00	1 26	2ᵐᶜ 52
2 25	»	2 65	»	»	1 01	2 27
2 50	0 20	2 90	0 12	11 00	1 08	2 70
2 75	»	3 15	»	»	0 90	2 47
3 00	»	3 40	»	»	0 75	2 25
3 25	0 20	3 65	0 14	14 00	0 94	3 06
3 50	»	3 90	«	»	0 81	2 83
3 75	»	4 15	»	»	0 70	2 62
4 00	0 25	4 50	0 16	16 00	0 83	3 32
4 25	»	4 75	»	»	0 74	3 14
4 50	»	5 00	»	»	0 66	2 97
4 75	0 25	5 25	0 18	20 00	0 80	4 23
5 00		5 50	»	»	0 70	3 95
5 25	»	5 75	»	»	0 72	3 78
5 50	0 25	6 00	0 20	23 00	0 84	4 62
5 75	»	6 25	»	»	0 77	4 43
6 00	»	6 50	»	»	0 70	4 20
6 25	0 30	6 85	0	26 00	0 81	5 06
6 50	»	7 10	»	»	0 74	4 81
6 75	»	7 35	»	»	0 69	4 66
7 00	»	7 60	»	»	0 64	4 48
7 25	»	7 85	»	»	0 60	4 35
7 50	»	8 10	»	»	0 56	4 20

N° 30.

d'ouverture, chargés d'un poids permanent de 450 kilos par mètre carré

R = **10** K^{os}.

SOLIVES	ENTRETOISES.			CORNIÈRES LONGITUDINALES.		POIDS
Poids par mètre carré.	Quantité par travée.	Sections des Cornières.	Poids par mètre carré.	Sections des Cornières.	Poids par mètre carré.	TOTAUX par mètre carré.
8^k 57	1	$\frac{50\times50}{6}$	2^k 75	$\frac{30\times30}{5}$	2^k 09	13^k 41
10 50	1	»	2 55	»	2 61	15 66
11 81	1	»	2 38	»	2 36	16 55
14 02	1	»	2 26	»	2 80	19 08
16 62	1	$\frac{45\times45}{6}$	1 93	$\frac{25\times25}{4}$	2 27	20 82
16 72	2	$\frac{50\times50}{6}$	4 02	$\frac{30\times30}{5}$	2 62	23 36
19 29	2	$\frac{45\times45}{6}$	3 48	$\frac{25\times25}{4}$	2 07	25 84
22 17	2	»	3 43	»	2 37	27 97
21 68	2	»	3 24	»	2 03	26 95
24 20	2	»	3 18	»	2 27	29 65
26 94	2	$\frac{40\times40}{5}$	2 78	$\frac{20\times20}{4}$	2 02	31 74
24 82	3	$\frac{50\times50}{6}$	4 78	$\frac{30\times30}{5}$	2 72	32 32
27 85	3	$\frac{45\times45}{6}$	4 26	$\frac{25\times25}{4}$	2 09	34 20
30 42	3	»	4 55	»	2 28	37 25
29 87	3	»	4 05	»	1 94	35 86
32 45	3	»	4 04	»	2 11	38 60
35 60	3	»	4 06	»	2 32	41 98
35 25	4	»	5 20	»	2 03	42 48
38 40	4	»	5 24	»	2 21	45 85
41 00	4	$\frac{40\times40}{5}$	4 63	$\frac{20\times20}{4}$	1 89	47 52
44 10	4	»	4 67	»	2 03	50 80
46 92	4	»	4 69	»	2 16	53 77
50 14	4	»	4 72	»	2 31	57 17

TABLEAU

Dimensions et poids des fers des planchers de 2 à 7 mètres

COEFFICIENT

	SOLIVES.					
LONGUEURS			SECTIONS.		écartements des Solives.	Surface correspondant à chaque Solive.
dans œuvre	de chaque scellement.	TOTALES.	en hauteur.	Poids du mètre.		
2ᵐ 00	0ᵐ 20	2 40	0ᵐ 10	9 00	1 14	2 28
2 25	0 20	2 65	0 12	11 00	1 21	2 72
2 50	»	2 90	»	»	0 97	2 42
2 75	»	3 15	»	»	0 81	2 22
3ᵐ 00	0 20	3 40	0 14	14 00	0 99	2 97
3 25	»	3 65	»	»	0 85	2 76
3 50	»	3 90	»	»	0 72	2 52
3 75	0 25	4 25	0 16	16 00	0 86	3 22
4ᵐ 00	»	4 50	»	»	0 75	3 00
4 25	»	4 75	»	»	0 67	2 84
4 50	0 25	5 00	0 18	20 00	0 89	4 00
4 75	»	5 25	»	»	0 80	3 80
5ᵐ 00	»	5 50	»	»	0 72	3 60
5 25	0 25	5 75	0 20	23 00	0 83	4 35
5 50	»	6 00	»	»	0 75	4 12
5 75	»	6 25	»	»	0 69	3 96
6ᵐ 00	0 30	6 60	0 22	26 00	0 79	4 74
6 25	»	6 85	»	»	0 72	4 50
6 50	»	7 10	»	»	0 67	4 35
6 75	»	7 35	»	»	0 62	4 18
7ᵐ 00	»	7 60	»	»	0 58	4 06

N° 34.

d'ouverture, chargés d'un poids permanent de 500 kilos par mètre carré.

R. 10 Kos.

SOLIVES	ENTRETOISES.			CORNIÈRES LONGITUDINALES.		POIDS
Poids par mètre carré.	Quantité par travée.	Sections des Cornières	Poids par mètre carré.	Sections des Cornières	Poids par mètre carré.	TOTAUX par mètre carré.
9k 00	1	50×50 / 6	2k 80	30×30 / 5	2k 31	14k 11
10 71	1	«	2 58	»	2 14	15 43
13 18	1	»	2 45	»	2 63	18 26
15 60	1	45×45 / 6	2 06	25×25 / 4	2 12	19 78
16 03	1	50×50 / 6	2 14	30×30 / 5	2 51	20 68
18 51	2	»	4 15	»	2 90	25 56
21 66	2	45×45 / 6	3 62	25×25 / 4	2 32	27 60
20 86	2	50×50 / 6	3 83	30×30 / 5	2 86	27 55
24 00	2	45×45 / 6	3 36	25×25 / 4	2 25	29 61
26 76	2	40×40 / 5	2 89	20×20 / 4	2 00	31 65
25 00	2	50×50 / 6	3 37	30×30 / 5	2 75	31 12
27 63	3	45×45 / 6	4 46	25×25 / 4	2 07	34 16
30 55	3	»	4 44	»	2 29	37 28
30 40	3	»	4 28	»	1 98	36 66
33 49	3	»	4 28	»	2 11	39 88
36 30	3	40×40 / 5	3 25	20×20 / 4	1 89	41 44
36 20	3	45×45 / 6	4 12	25×25 / 4	2 08	42 40
39 68	4	»	5 53	»	2 28	47 49
42 43	4	40×40 / 5	4 90	20×20 / 4	1 95	49 28
45 71	4	»	4 94	»	2 11	52 76
48 66	4	»	4 95	»	2 24	55 85

TABLEAU

Dimension et poids des fers des planchers de 2 à 6 mètres 75 d'ouverture,

COEFFICIENT

SOLIVES						
LONGUEURS			SECTIONS.		Écartements des Solives.	Surface correspondant à chaque Solive.
dans œuvre.	de chaque scellement.	TOTALES.	en hauteur.	Poids du mètre.		
2ᵐ 00	0ᵐ 20	2 40	0ᵐ 12	11ᵏ 00	1 40	2ᵐ 8
2 25	»	2 65	»	»	1 10	2 475
2 50	»	2 90	»	»	0 89	2 225
2 75	0 25	3 25	0 14	14 00	1 06	2 915
3 00	»	3 50	»	»	0 90	2 70
3 25	»	3 75	»	»	0 77	2 30
3 50	0 30	4 10	0 16	16 00	0 90	3 15
3 75	»	4 35	»	»	0 78	2 925
4 00	»	4 60	»	»	0 68	2 72
4 25	0 30	4 85	0 18	20 00	0 91	3 86
4 50	»	5 10	»	»	0 84	3 04
4 75	»	5 35	»	»	0 72	3 42
5 00	0 30	5 60	0 20	23 00	0 83	4 15
5 25	»	5 85	»	»	0 75	3 94
5 50	»	6 10	»	»	0 69	3 79
5 75	0 35	6 45	0 22	26 00	0 78	4 48
6 00	»	6 70	»	»	0 71	4 26
6 25	»	6 95	»	»	0 66	4 12
6 50	»	7 20	»	»	0 61	3 96
6 75	»	7 45	»	»	0 56	3 78

N° 32.

chargés d'un poids permanent de 550 kilos par mètre carré.

R — 10 K.os.

SOLIVES Poids par mètre carré.	ENTRETOISES.			CORNIÈRES LONGITUDINALES.		POIDS TOTAUX par mètre carré
	Quantité par travée.	Sections des Cornières.	Poids par mètre carré.	Sections des Cornières.	Poids par mètre carré.	
9k 43	1	$\frac{50\times50}{6}$	2k 28	$\frac{30\times30}{5}$	1k 89	13k 60
11 80	1	»	2 02	»	2 35	16 17
14 34	1	»	1 82	»	2 85	18 97
15 60	1	»	1 63	»	2 52	19 75
18 14	1	»	1 52	»	2 85	22 52
21 00	2	$\frac{45\times45}{6}$	2 43	$\frac{25\times25}{4}$	2 25	25 68
20 82	2	$\frac{50\times50}{6}$	2 60	$\frac{30\times30}{5}$	2 86	26 29
23 79	2	»	2 42	»	3 27	29 48
27 05	2	$\frac{40\times40}{5}$	1 65	$\frac{20\times20}{4}$	2 03	30 73
25 06	2	$\frac{50\times50}{6}$	2 14	$\frac{30\times30}{5}$	2 76	29 96
27 95	2	$\frac{45\times45}{6}$	1 75	$\frac{25\times25}{4}$	2 10	31 80
31 29	3	»	2 49	»	2 35	36 13
31 04	3	»	2 37	»	2 02	35 43
34 15	3	»	2 25	»	2 23	38 63
36 92	3	$\frac{40\times40}{5}$	1 80	$\frac{20\times20}{4}$	1 93	40 65
37 35	3	$\frac{45\times45}{6}$	2 06	$\frac{25\times25}{4}$	2 16	41 57
40 89	3	»	1 97	»	2 36	45 22
43 75	4	$\frac{40\times40}{5}$	2 11	$\frac{20\times20}{4}$	2 02	47 88
47 15	4	»	2 03	»	2 18	51 36
51 24	4	»	1 95	»	2 36	55 55

TABLEAU

Dimensions et poids des fers des planchers de 2 à 6 mètres d'ouverture,

COEFFICIENT

	SOLIVES					
LONGUEURS			SECTIONS.		Écartements des Solives.	Surface correspondant à chaque Solive.
dans œuvre.	de chaque scellement.	TOTALES.	en hauteur.	Poids du mètre.		
2m 00	0 25	2 30	0m 12	11k 00	1m 26	2m 52
2 25	»	2 75	»	»	1 04	2 27
2 50	0 25	3 00	0 14	14 00	1 18	2 95
2 75	»	3 25	»	»	0 97	2 67
3 00	»	3 50	»	»	0 82	2 46
3 25	0 30	3 85	0 16	16 00	0 95	3 08
3 50	»	4 10	»	»	0 82	2 87
3 75	»	4 35	»	»	0 71	2 66
4 00	0 30	4 60	0 18	20 00	0 93	3 72
4 25	»	4 85	»	»	0 83	3 53
4 50	»	5 10	»	»	0 78	3 51
4 75	0 35	5 45	0 20	23 00	0 84	3 99
5 00	»	5 70	»	»	0 76	3 80
5 25	»	5 95	»	»	0 69	3 62
5 50	0 35	6 20	0 22	26 00	0 78	4 29
5 75	»	6 45	»	»	0 71	4 08
6 00	»	6 70	»	»	0 65	3 90
6 25	»	6 95	»	»	0 60	3 75
6 50	»	7 20	»	»	0 56	3 64

N° 33.

chargés d'un poids permanent de 600 kilos par mètre carré.

R = 10 Kos.

SOLIVES Poids par mètre carré.	ENTRETOISES.			CORNIÈRES LONGITUDINALES.		POIDS TOTAUX par mètre carré.
	Quantité par travée.	Sections des Cornières.	Poids par mètre carré.	Sections des Cornières.	Poids par mètre carré.	
10k 91	1	$\frac{50\times50}{6}$	2k 88	$\frac{30\times30}{5}$	2 18	15k 97
13 32	1	»	2 09	»	2 06	18 67
14 24	1	»	2 46	»	2 23	18 93
17 04	1	»	2 35	»	2 67	22 06
20 32	1	$\frac{45\times45}{6}$	2 01	$\frac{25\times25}{4}$	2 13	24 46
20 00	2	$\frac{50\times50}{6}$	4 28	$\frac{30\times30}{5}$	2 75	27 03
22 85	2	$\frac{45\times45}{6}$	3 71	$\frac{25\times25}{4}$	2 14	28 70
26 16	2	»	3 08	»	2 45	32 29
24 73	2	$\frac{50\times50}{6}$	3 72	$\frac{30\times30}{5}$	2 72	31 17
27 47	2	$\frac{45\times45}{6}$	3 27	$\frac{25\times25}{4}$	2 06	32 77
29 06	2	»	3 17	»	2 17	34 40
31 41	3	»	4 69	»	2 04	38 14
34 50	3	»	4 67	»	2 25	41 42
37 80	3	$\frac{40\times40}{5}$	4 11	$\frac{20\times20}{4}$	1 97	43 71
37 57	3	$\frac{45\times45}{6}$	4 52	$\frac{25\times25}{4}$	2 16	44 25
41 10	3	»	4 55	»	2 37	48 02
44 66	3	$\frac{40\times40}{5}$	4 05	$\frac{20\times20}{4}$	2 06	50 77
48 18	4	»	5 44	»	2 22	55 84
51 43	4	»	5 45	»	2 37	59 25

Manière de se servir des tableaux précédents.

§ 34. — Supposons que l'on ait à exécuter un plancher de 5^m00 d'ouverture entre les points d'appuis, pour supporter une charge uniformément répartie de 400 kilog. par mètre superficiel. Il suffit de nous reporter au tableau n° 29, et nous trouvons :

Pour une ouverture de 5 mètres :

1° Que chaque scellement doit avoir 0^m25 et que par suite la longueur totale des solives sera de 5^m50.

2° La section doit être un double I de 0^m18 de hauteur du poids de 20 kilog. le mètre.

3° Les solives seront au maximum espacées de 0^m89.

4° Le poids du mètre superficiel des solives est de   24 k. 72

5° Celui des entre-toises et des cornières longitudinales de................................   6 k. 35

Ensemble par mètre superficiel...............   31 k. 07

Motifs d'économie ayant déterminé le choix des hauteurs de solives indiquées aux tableaux précédents.

§ 35. — Les hauteurs de solives que nous avons adoptées pourraient à première vue, paraître exagérées ; une simple comparaison suffira pour justifier nos chiffres.

Nous venons d'indiquer les dimensions que devrait avoir un plancher de 5 mètres chargé de 400 kilog. Supposons qu'au lieu d'employer le I de 0^m18 du poids de 20 kilog. le mètre, nous nous soyons servis du I double 0^m16 à 16 kilog. le mètre. Le tableau n° 7 nous indique qu'à 5 mètres cet échantillon peut supporter une charge uniformément répartie de 1200 kilog. La surface de plancher correspondant à cette solive sous l'action de 400 kilog. par mètre sera donc de $\frac{1200}{4} = 3$ mètres carrés et par suite l'écartement à leur donner de $\frac{3^m00}{5^m00} = 0^m60$.

Le poids de chaque solive étant de $5^m50 \times 16$ kilog. $= 88$ kilog. pour une surface de 3 mètres carrés, on a par mètre $\frac{88^k}{3} = 29^k33$.

D'où il résulte que ce plancher exécuté en double I de 0^m16 pèserait 29 k. 33, tandis qu'en 0^m18 il ne pèse que 24 k. 72 ; c'est en faveur de cette dernière disposition une économie de 4 k. 55 ou 15.50 p. 100.

Ce résultat nous conduit à dire qu'il y a économie à augmenter la hauteur des solives et de les espacer davantage.

§ 36. — Les longueurs que nous avons indiquées pour la portée des solives ont été calculées, pour que sous l'action des efforts maximum qu'elles auraient à subir, la pierre ou la brique sur lesquelles elles seront appuyées, ne soient chargées qu'à environ 6 k. par centimètre carré. C'est, en effet, l'effort qu'il convient d'appliquer à de la pierre tendre et à la brique rouge de moyenne dureté, qui s'emploient le plus généralement dans les constructions de bâtiments.

<small>Notes sur la longueur des portées et le scellement des solives.</small>

Nous pensons qu'il est nécessaire autant que les dispositions le permettent, de faire passer les chaînages sous les solives, car ils aideront à répartir l'effort d'écrasement sur une plus grande surface.

Lorsque les barres reposeront sur un mur en briques, il serait urgent qu'elles ne tombassent jamais sur un joint et qu'au contraire, elles vinssent s'appuyer sur le milieu de briques posées en travers à chaque scellement.

La partie de maçonnerie qui les enveloppent devrait toujours être composée de matériaux bien résistants, taillés avec soin, afin d'éviter dans les joints une trop grande quantité de plâtre ou de mortier.

Ces petits soins, en apparence de peu d'importance, auraient cependant pour avantage d'éviter les tassements qui se produisent très-souvent au moment de la confection du hourdage.

§ 37. — Nous avons démontré § 20, que la courbure prononcée des solives n'ajoutait rien à leur résistance, que par conséquent la flèche de 5 millim. par mètre ou $\frac{1}{200}$ de la longueur, adoptée

<small>Proportion à laquelle il convient de réduire la courbure actuellement donnée aux solives</small>

en pratique, était nuisible en ce sens que pour obtenir des plafonds droits, elle augmentait le poids permanent et la dépense du hourdage

D'autre part nous avons indiqué § 2, lors de la fixation du coëfficient de sécurité, qu'on pouvait admettre sous l'action des charges totales permanentes, une flexion de solives égale à $\frac{1}{300}$ de leur longueur.

Nous concluons donc que c'est à cette dernière proportion de $\frac{1}{300}$ ou 3%33 par mètre, qu'il convient de fixer la courbure des barres, puisqu'elle représente le maximum de leur flexion ; on obvierait ainsi aux inconvénients que nous avons signalés.

Pour que ce résultat puisse être obtenu en pratique, il serait utile que les forges modifiassent la proportion de $\frac{1}{200}$ qu'elles ont toutes adoptée, afin que les fers approvisionnés dans leurs dépôts puissent satisfaire aux conditions que nous venons d'indiquer.

Cas particulier le plus général

Solives d'enchevêtrures.

(Détails pl. 2ᵐᵉ).

§ 38. — Au nombre des cas particuliers qui se présentent dans la construction des planchers et qu'on ne saurait prévoir à l'avance, il en est un, celui résultant de l'emploi des solives d'enchevêtrures qui a lieu assez souvent pour mériter un examen spécial.

Prenons pour exemple (figure 9), un plancher de 7 mètres d'ouverture, chargé de 400 kilog. par mètre superficiel, formé de solives en fer à double T de 0ᵐ22 de hauteur espacées de 0ᵐ72, et supposons que pour éviter des ouvertures de croisées dont la partie supérieure ne permet pas de recevoir le point d'appui des barres C et D, il faille employer un chevêtre EF dont les extrémités s'appuyent sur les solives A et B, formant enchevêtrures.

L'exécution telle qu'elle se fait généralement en est très-simple puisqu'il suffit de donner au chevêtre EF la même hauteur que les solives et d'en découper les extrémités ainsi que celles de solives C et D suivant la figure 10, afin que la nervure verticale reste seule et serve par l'addition d'équerres à l'assemblage des diverses parties. Cette construction est cependant vicieuse ; nous allons le démontrer et indiquer les modifications qu'il serait utile d'y apporter.

Lorsqu'un solide repose sur deux appuis m et n, il s'opère sur chacun d'eux une réaction verticale O égale à la moitié de la charge totale. Cette réaction qui tend à couper ou à faire glisser l'une sur l'autre deux sections infiniment voisines de l'arête intérieure du point d'appui, a été désignée sous le nom d'*effort tranchant*. Or, les deux 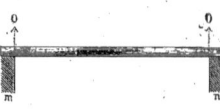 extrémités du chevêtre EF et des solives C et D, découpées suivant la figure 10, percées en outre de deux trous pour les équerres, sont affaiblies précisément au point d'action de l'effort tranchant. Nous convenons qu'ici cet effort est peu considérable, qu'il s'applique à un solide d'égale hauteur dans toute sa longueur; le vice n'en existe pas moins et doit faire rechercher d'autres dispositions.

C'est dans ce but que nous proposons l'emploi d'enchevêtrures en tôle et cornières (figure 11), de hauteurs plus faibles aux extrêmités qu'au milieu, de telle sorte que les solives C et D pénétrent entre les nervures horizontales des cornières et que les points d'appuis du chevêtre EF s'effectuent entre les nervures du double T des solives A et B. On conserve ainsi en ces points toute la section des pièces.

Dans les applications les plus fréquentes, les enchevêtrures n'auraient pas besoin d'une hauteur égale à celle des solives pour résister aux efforts qui les sollicitent. Ainsi, dans l'exemple que nous avons choisi, cette pièce supporte la partie du plancher $abcd$, correspondant à la moitié des solives C D, et égale à

$$3,50 \times 1^m,44 = 5^{m.c},04 \times 400^k = 2016^k = 2P,$$

agissant aux distances $l = 0^m,72$ des appuis

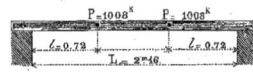

On a donc formule n° 15, $Pl = R\dfrac{1}{n}$ dans laquelle

$$R = 10,000,000 \text{ et } \frac{1}{n} = \frac{1008 \times 0,72}{10,000,000} = 0,000072576$$

correspondant à très-peu près au fer à double T de $0^m,16$ à 16 kilog. (tableau n° 7).

En conservant une hauteur égale à celle des solives, on peut donc réduire la section; et c'est ce qui explique pourquoi (figure 12) nous n'avons indiqué que deux cornières à l'enchevêtrure en tôle que nous proposons d'adopter. Elle offrira ainsi, malgré son prix plus élevé au kilogramme, une sensible économie de dépense, puisque le poids de cette pièce en fer à double T de $0^m,22$ étant de 56 kilog., il est réduit par l'emploi de la tôle à $34^k,50$, soit 38,40 0/0 de moins.

Il nous reste à examiner les deux appuis des solives A et B correspondant à cette enchevêtrure. La longueur de portée de $0^m,30$ étant celle qu'il convient de donner aux solives d'un plancher de 7 mètres chargé de 400 kilog., pour que la pierre ou la brique ne subisse qu'un effort d'écrasement d'environ 6 kilog. par centimètre carré, et les barres A et B supportant à l'une de leurs extrémités double charge par l'effet du chevêtre, il faudrait porter à $0^m,60$ la longueur de ces appuis. Il est préférable de mettre sous chaque solive (figures 11 et 13) une plaque de tôle de $0^m,30$ de longueur, d'un centimètre d'épaisseur, et d'une largeur double de la nervure de fer à T, de telle sorte que la surface obtenue corresponde à celle de deux solives.

Enfin, il serait utile d'ajouter dans la longueur du point d'appui des barres A et B de chaque côté de l'âme verticale (fig. 11 et 13), deux plaques de tôle de 5 millim. d'épaisseur, qu'on prolongerait jusqu'à l'extrémité des équerres d'assemblages de l'enchevêtrure, afin qu'à ce point la résistance de la solive soit mise en rapport avec l'accroissement de l'effort tranchant.

DEUXIÈME SYSTÈME DE PLANCHERS

AVEC POUTRES PRINCIPALES COMPOSÉES DES FERS A DOUBLE T DÉSIGNÉS SOUS LE NOM DE FERS A LARGES AILES.

(TABLEAU. N° 8).

§ 39. Depuis fort longtemps l'expérience nous avait démontré que pour les grandes portées, il y aurait économie à employer un système de planchers composés de solives à grands écartements ou poutres principales supportant de petites solives, c'est-à-dire la reproduction sur une petite échelle de la construction des grands planchers avec poutres en tôle.

Le succès d'une application de cette idée que nous avions faite à Paris, en février 1852, nous avait engagé à la proposer, mais la fabrication des fers à double T était alors trop récente, le nombre et la dimension des échantillons trop restreints, pour permettre un ensemble de combinaisons applicables à toutes les constructions. Aujourd'hui que la quantité d'échantillons de fers double T larges ailes est assez considérable, il est possible d'établir une série de ces fers, en parallèle avec les double T désignés sous le nom de fers à planchers. Nous avons dû cependant, pour obtenir un résultat plus complet, introduire au tableau n° 8 des fers larges ailes applicables aux planchers, les deux échantillons de $0^m,20$ et $0^m,24$ de hauteur dont les cylindres n'existent pas actuellement. Toutefois, nous ne l'avons fait qu'après avoir obtenu de plusieurs forges l'assurance qu'elles n'hésiteraient pas à les établir. Cette nouvelle série répond d'autant mieux au but que nous nous proposons, que nous avons fait ressortir § 12, qu'à poids égal les double T larges ailes offrent en moyenne une résistance supérieure de 0,36 à celle des double T ordinaires.

Récemment, en 1861, le système que nous allons décrire a reçu une application très-importante au grand hôtel boulevart des Capucines, construit à Paris par l'habile architecte M. Armand.

---

§ 39 *bis*. Ce système se compose (figure 14) de solives principales ou poutres A en fer à double T larges ailes placées parallèlement, la section et l'écartement des barres variant selon la charge et la plus ou moins grande dimension du plancher.

Description de ce système.
(Détails planche 2e)

De petites solives B également en fer à double T, s'appuyent à des distances de $1^m,25$ sur la nervure inférieure des poutres, auxquelles elles peuvent être reliées, soit par une plate-bande (figure 16), soit par une équerre simple (figure 15). De deux en deux petites solives, un gousset en tôle (figure 17) compris entre l'intérieur des nervures principales sert à maintenir le déversement de la nervure supérieure.

Les petites solives B reçoivent à des distances variables de $0^m,25$ à $0^m,30$, de petits carillons C coudés aux extrémités en forme de Z (figure 18), calculés de telle sorte qu'ils correspondent au milieu de l'épaisseur du hourdage dont ils doivent former la liaison.

L'ensemble des poutres et petites solives divise ce hourdage en une série de petits rectangles indépendants les uns des autres.

Avantages de ce système.

§ 40. Cette deuxième combinaison n'offre d'intérêt réel qu'à partir des ouvertures de 5 mètres. Il sera facile par l'examen comparatif des tableaux qui suivent, avec ceux des planchers en fer à double T ordinaires, de se rendre compte que plus les portées augmentent, plus l'économie de poids devient sensible. Nous devons observer cependant que le prix du kilogramme de ces constructions sera toujours supérieur à celui des double T ordinaires, par le double motif du prix plus élevé d'acquisition en forge et de la plus grande main-d'œuvre. Quoi qu'il en soit, le résultat de ces calculs sera toujours à l'avantage du système que nous venons d'indiquer. Il offre encore l'intérêt de réduire l'épaisseur des planchers en appuyant les lambourdes sur les petites solives (figure 15), de telle sorte que le parquet passe à un centimètre environ au-dessus de la nervure supérieure des poutres principales. La hauteur de ces lambourdes formant un vide entre le niveau supérieur du hourdage et le dessous du parquet, ce vide empêchera la sonorité des planchers.

Divisions des petites solives par rapport aux ouvertures des planchers.

§ 41. Dans le but de simplifier les détails d'exécution, nous avons admis un écartement uniforme de $1^m,25$ entre les petites solives, et pour sections, celles des double T de 6, 7 et 8 centimètres de hauteur. Bien que cette disposition produise quelques variations dans la valeur du coëfficient de sécurité sans excéder toutefois le maximum de 10 kilog., nous la croyons par sa simplicité, bien préférable aux complications sans nombre qui résulteraient de l'adoption d'écartements variables, proportionnés à ceux des grandes solives. La figure 19, planche 2, indique la division et le nombre de petites solives correspondant à chaque ouverture, renseignements au moyen desquels nous avons déterminé les poids indiqués aux tableaux suivants.

TABLEAU N° 42.

Classification des hauteurs à donner aux solives principales proportionnellement aux longueurs et aux charges par mètre carré.

Longueurs des solives.	CHARGE PAR MÈTRE CARRÉ DE :						
	300 kil.	350 kil.	400 kil.	450 kil.	500 kil.	550 kil.	600 kil.
5ᵐ »	0 16	0 16	0 18	0 18	0 20	0 20	0 20
		0 18		0 20			0 22
5 25	0 18	»	»	»	»	0 22	»
5 50	»	0 20	0 20	»	»	0 22	»
5 75	»	»	»	»	0 22	»	»
6 »	0 20	»	»	0 22	»	»	0 24
6 25	»	»	0 22	»	»	0 24	»
6 50	»	0 22	»	»	0 24	»	»
6 75	0 22	»	»	0 24	»	»	0 26
7 »	»	»	0 24	»	»	0 26	»
7 25	»	0 24	»	»	0 26	»	»
7 50	0 24	»	»	0 26	»	»	0 26
7 75	»	»	0 26	»	»	0 26	»
8 »	»	0 26	»	»	0 26	»	»

TABLEAU N° 43

Dimensions et poids des fers des planchers, de 5 à 8 mètres d'ouverture, chargés d'un poids permanent de 300 kilog. par mètre carré.

COEFFICIENT R = 10k

LONGUEURS		GRANDES SOLIVES					PETITES SOLIVES					POIDS
d'un œuvre.	de chaque scellement.	TOTALES.	SECTIONS en hauteur.	Poids du mètre.	Écartements des solives.	Surface correspondant à chaque solive.	Poids par mètre carré.	Quantité par travée.	SECTIONS en hauteur.	Poids du mètre.	Écartements des solives.	Poids du mètre carré.	Poids par mètre carré des équerres et carillons.	TOTAUX par mètre carré.
5m 00	0 25	5 50	0m 16	23 30	1 44	7m 90	17k 95	3	0m 07	6k 00	1 25	4k 61	3 46	26k 02
5 25	»	5 75	»	»	1 30	6 83	19 80	3	0 06	4 50	1 25	5 20	3 46	29 46
5 50	0 25	6 00	0 18	25 00	1 49	8 20	18 30	3	0 07	6 00	1 25	2 16	3 46	28 92
5 75	»	6 25	»	»	1 37	7 88	19 83	3	»	»	»	7 00	3 46	30 29
6 00	0 20	6 60	0 20	30 00	1 68	10 08	19 64	3	»	»	»	6 48	3 46	29 58
6 25	»	6 85	»	»	1 55	9 69	21 21	3	»	»	»	6 34	3 46	31 01
6 50	»	7 10	»	»	1 43	9 10	22 52	3	»	»	»	7 62	3 46	34 60
6 75	0 30	7 35	0 22	34 00	1 66	11 21	23 20	3	»	»	»	7 01	3 46	33 77
7 00	»	7 50	»	»	1 55	10 85	23 81	6	»	»	»	6 89	3 46	34 16
7 25	»	7 85	»	»	1 44	10 44	25 56	6	»	»	»	6 77	3 46	35 79
7 50	0 30	8 10	0 24	40 00	1 71	12 83	25 96	6	»	»	»	6 56	3 46	35 98
7 75	»	8 25	»	»	1 60	12 40	26 93	7	»	»	»	7 10	3 46	37 49
8 00	»	8 60	»	»	1 50	12 00	28 67	7	»	»	»	6 90	3 46	39 03

TABLEAU N° 44

Dimensions et poids des fers des planchers de 5 à 8 mètres d'ouverture, chargés d'un poids permanent de 350 kilog. par mètre carré.

COEFFICIENT R = 10.

Longueurs dans œuvre seulement.	GRANDES SOLIVES					PETITES SOLIVES					Poids par mètre carré des équerres et carillons.	POIDS TOTAUX par mètre carré.
	TOTALES	Sections hauteur.	Poids du mètre.	Écartement des solives.	Surfaces correspondant à chaque solive.	Poids par mètre carré.	Quantité par travée	Sections hauteur du mètre.	Poids du mètre.	Écartement des solives.	Poids du mètre carré.		
5m 00	5 25	5 50	0m 16	21k 50	1m 24	6m 20	20k 83	5	0m 06	4k 30	1 25	3 62	»	27 23
5 25	5 25	5 75	» 18	25 00	1 40	7 35	19 86	5	» 07	4 60	1 25	5 90	»	29 99
5 50	» 30	6 00	»	»	1 28	7 04	21 30	5	» 07	4 90	1 25	5 27	»	30 03
5 75	» 30	6 25	» 20	29 00	1 57	9 03	21 10	5	» 07	6 00	1 25	6 29	»	30 78
6 00	»	6 50	»	»	1 44	8 64	22 92	5	»	»	»	6 05	»	33 43
6 25	» 35	6 85	»	»	1 33	8 31	24 73	5	» 07	6 00	1 25	4 70	»	32 89
6 50	» 30	7 10	» 22	34 00	1 54	10 01	24 09	5	» 07	6 00	1 25	4 65	»	34 10
6 75	»	7 35	»	»	1 42	9 39	26 06	6	»	»	»	6 46	»	35 98
7 00	»	7 60	»	»	1 33	9 31	27 76	6	» 08	4 50	1 25	5 02	»	36 24
7 25	» 30	7 85	» 24	40 00	1 57	11 38	27 39	6	» 08	6 00	»	6 00	»	37 05
7 50	»	8 10	»	»	1 47	11 03	29 37	6	»	»	»	5 87	»	38 70
7 75	»	8 35	»	»	1 37	10 62	31 45	7	»	»	»	6 75	»	41 66
8 00	» 30	8 60	» 26	45 00	1 59	12 72	30 42	7	»	»	»	6 41	3k 46	40 29

TABLEAU N° 45

Dimensions et poids des fers des planchers, de 5 à 8 mètres d'ouverture, chargés d'un poids permanent de 400 kilog. par mètre carré.

COEFFICIENT R = 10^k

LONGUEURS		GRANDES SOLIVES					PETITES SOLIVES				POIDS
dans œuvre.	de chaque scellement.	SECTIONS en hauteur.	TOTALES	Poids du mètre.	Écartement des solives.	Surface correspondant à chaque mètre.	Poids par mètre carré.	Quantité par travée.	SECTIONS en hauteur. du mètre.	Écartement des solives.	Poids du mètre carré.	Poids par mètre carré des équerres et corillons.	TOTAUX par mètre carré.
5m »	0m 25	5 50	0m 18	25k 00	1 36	6m 80	10k 29	3	» 07	» 6 00	1 25	4 35	3 66	28 23
5 25	»	5 75	»	»	1 93	6 46	29 25	5	» 06	6 50	1 25	5 69	»	31 40
5 50	0 30	6 10	0 21	39 00	1 50	8 25	29 18	5	» 07	6 00	1 25	6 69	»	32 36
5 75	»	6 35	»	»	1 38	7 94	23 99	5	»	»	»	6 41	»	33 86
6 »	»	6 60	»	»	1 26	7 56	26 19	5	»	»	»	6 26	»	32 91
6 25	0 30	6 85	0 22	34 00	1 46	9 13	25 51	5	»	»	»	5 88	»	34 83
6 50	»	7 10	»	»	1 26	8 84	27 33	5	»	»	»	5 81	»	37 59
6 75	»	7 35	»	»	1 26	8 51	29 37	6	»	»	»	6 85	»	39 48
7 »	0 30	7 60	»	40 00	1 47	10 29	29 74	6	»	»	»	6 97	»	39 47
7 25	»	7 85	»	»	1 37	9 93	31 68	6	»	»	»	6 13	»	41 91
7 50	»	8 10	»	»	1 25	9 60	32 75	6	»	»	»	5 94	»	43 15
7 75	0 30	8 35	0 26	48 00	1 48	11 47	32 76	7	»	»	»	6 76	»	42 98
8 »	»	8 60	»	»	1 39	11 12	34 77	7	»	»	»	6 64	»	43 37

TABLEAU N° 46

Dimensions et poids des fers des planchers, de 5 à 8 mètres d'ouverture, chargés d'un poids permanent de 150 kilog. par mètre carré.

COEFFICIENT R = 10.

LONGUEURS dans œuvre de chaque solive	TOTALES en hauteur	GRANDES SOLIVES — SECTIONS Poids du mètre	Écartement des solives	Surface correspondant à chaque solive	Poids par mètre carré	Quantité par travée	PETITES SOLIVES — SECTIONS en hauteur	Poids du mètre	Écartement des solives	Poids du mètre carré	Poids par mètre carré des équerres et carillons	POIDS TOTAUX par mètre carré
5m »	0ᵐ 30	5 60	» 18	25 00	1ᵐ 21	6 05	23 14	3	0ᵐ 07	6 00	1 25	4 93	3 16	31 55
5 25	0 30	5 83	» 20	30 00	1 67	7 71	28 76	3	0 08	7 00	1 25	8 61	»	34 83
5 50	»	6 10	»	»	1 34	7 37	24 83	3	0 07	»	1 25	7 48	»	25 77
5 75	»	6 35	»	»	1 92	7 01	27 17	»	»	»	»	7 33	»	37 98
6 »	0 33	6 70	» 22	34 00	1 44	8 46	26 99	3	0 08	7 00	1 25	7 71	»	38 69
6 25	»	6 95	»	»	1 30	8 12	28 10	»	0 07	6 00	1 25	6 76	»	39 32
6 50	»	7 20	»	»	1 44	7 80	24 38	»	0 07	6 00	»	6 95	»	42 79
6 75	0 35	7 45	» 24	40 00	1 41	9 51	31 33	»	0 08	7 00	»	8 16	»	43 19
7 »	»	7 70	»	»	1 31	9 17	33 88	»	0 07	6 00	»	7 40	»	44 44
7 25	»	7 95	»	»	1 22	8 84	25 97	»	»	»	»	7 30	»	46 73
7 50	0 35	8 20	» 26	45 00	1 43	10 37	24 91	»	0 08	7 00	»	7 75	»	45 90
7 75	»	8 45	»	»	1 31	11 06	34 34	»	0 07	6 00	»	7 10	»	46 12
8 »	»	8 70	»	»	1 24	9 99	39 46	7	»	»	»	7 95	»	50 87

— 72 —

TABLEAU N° 47

Dimensions et poids des fers des planchers, de 5 à 8 mètres d'ouverture, chargés d'un poids permanent de 200 kilog. par mètre carré.

COEFFICIENT K = 10.

Longueurs des ouvertures.	LONGUEURS de chaque vousure.	TOTALES	GRANDES SOLIVES					PETITES SOLIVES				Poids par mètre carré des équerres et carillons.	POIDS TOTAUX par mètre carré.
			SECTIONS			Écartement des solives.	Surface correspondant à chaque solive.	Poids par mètre carré.	Quantité par travée.	SECTIONS			Écartement des solives.	Poids du mètre carré.		
			en hauteur.	Poids du mètre.					en hauteur.	Poids du mètre.				
5m 00	0m 30	5 60	0m 20	20 00	1 45	7 23	23 17	3	0m 08	7k 00	»	5 45	3 46	33 08
5 25	»	5 85	»	»	1 39	6 93	25 39	5	0 07	6 00	1 25	7 87	»	36 65
5 50	»	6 10	»	»	1 30	6 60	27 72	5	»	»	»	»	»	38 90
5 75	0 35	6 45	»	»	1 38	7 93	27 65	5	0 08	7 00	1 25	7 72	»	39 31
6 »	»	6 70	0 22	34 00	1 27	7 62	29 89	5	»	»	»	7 09	»	40 44
6 25	»	6 95	»	»	1 17	8 11	32 73	5	0 07	6 00	»	6 29	»	38 88
6 50	0 35	7 20	0 24	40 00	1 37	9 86	29 20	6	0 08	7 00	1 25	7 93	»	40 59
6 75	»	7 45	»	»	1 27	9 40	31 50	6	0 07	6 00	1 25	7 02	»	41 98
7 »	»	7 70	»	»	1 18	9 08	33 91	6	0 08	7 00	1 25	6 95	»	44 23
7 25	0 35	7 95	0 26	45 00	1 26	10 81	33 89	6	»	»	»	7 19	»	43 64
7 50	»	8 20	»	»	1 27	10 41	35 44	6	0 07	6 00	1 25	6 38	»	44 15
7 75	»	8 45	»	»	1 97	9 97	35 13	7	»	»	»	7 66	»	43 25
8 »	0 40	8 80	»	»	1 19	9 47	46 46	7	»	»	»	8 11	»	58 03

TABLEAU N° 48

Dimensions et poids des fers des planchers, de 5 à 8 mètres d'ouverture, chargés d'un poids permanent de 250 kilog. par mètre carré.

COEFFICIENT R = 10.

LONGUEURS		GRANDES SOLIVES						PETITES SOLIVES			Poids par mètre carré des équerres et cornières.	POIDS TOTAUX par mètre carré.
de chaque solivement.	TOTALES.	SECTIONS en hauteur.	Poids du mètre.	Écartements des solives.	Surface correspondant à chaque solive.	Poids par mètre carré.	Quantité par travée.	SECTIONS en hauteur.	Poids du mètre.	Écartements des solives.	Poids par mètre carré.		
5m »	5 70	0m 20	30k 00	1 33	6 60	23 90	3	0m 08	7k 00	1 25	3 24	»	34 60
5 25	5 95	»	»	1 30	6 30	28 33	3	0 07	6 00	1 25	7 22	3 46	39 01
5 50	6 20	0 35	34 00	1 37	7 33	27 98	3	0 08	7 00	1 25	7 63	»	39 07
5 75	6 45	»	»	1 25	7 19	30 50	5	0 07	6 00	1 25	6 55	»	40 81
6 »	6 70	»	»	1 18	6 50	33 01	5	0 07	6 00	1 25	6 38	»	42 85
6 25	6 95	0 35	40 00	1 34	8 37	34 31	5	0 08	7 00	1 25	6 83	»	43 50
6 50	7 20	»	»	1 26	8 06	35 73	5	0 07	7 00	1 25	6 98	»	45 17
6 75	7 45	»	»	1 15	7 76	38 40	5	»	»	»	»	46 83	48 69
7 »	7 70	0 35	45 00	1 32	9 24	37 50	6	0 08	7 00	1 25	7 41	»	48 37
7 25	7 95	»	»	1 28	8 92	40 11	6	0 07	6 00	1 25	6 31	»	49 83
7 50	8 20	»	»	1 23	8 69	42 81	6	»	»	»	6 20	»	52 47
7 75	8 45	0 40	50 00	1 15	8 91	47 78	6	0 07	6 60	1 25	7 15	»	55 59
8 »	8 60	»	»	1 08	8 64	50 93	7	»	»	»	7 03	»	61 43

TABLEAU N° 49

Dimensions et poids des fers des planchers, de 5 à 8 mètres d'ouverture, chargés d'un poids permanent de 600 kilog. par mètre carré.

COEFFICIENT R = 10k

LONGUEURS		GRANDES SOLIVES.				PETITES SOLIVES.				Poids par mètre carré des équerres et carillons.	POIDS TOTAUX par mètre carré
dans œuvre.	de chaque scellement.	TOTALES.	SECTIONS en hauteur.	Poids du mètre.	Écartements des solives.	Surface correspondant à chaque solive.	Poids par mètre carré.	Quantité par travée.	SECTIONS en hauteur.	Poids du mètre.	Écartements des solives.	Poids par mètre carré.		
5m »	0m 35	5 70	0m 20	30k 00	1 21	6 05	58 96	3	0m 07	6k 00	1 25	5 11	»	36 83
5 25	0 40	6 05	0 22	34 00	1 38	7 24	58 44	3	0 08	7 00	1 25	8 37	»	40 74
5 50	»	6 30	»	»	1 56	6 93	50 90	5	»	»	»	8 66	»	43 02
5 75	»	6 65	»	»	1 15	6 61	33 69	5	»	»	1 25	7 63	»	41 78
6 »	0 40	6 80	0 24	40 00	1 34	8 04	33 83	5	0 08	7 00	1 25	7 04	»	45 33
6 25	»	7 05	»	»	1 23	7 69	36 04	5	0 07	6 00	1 25	7 11	»	47 93
6 50	»	7 30	»	»	1 13	7 28	40 10	6	0 08	7 00	»	7 77	»	51 23
6 75	0 40	7 55	0 26	45 00	1 30	8 77	38 74	6	0 08	7 00	»	7 36	»	49 56
7 »	»	7 80	»	»	1 21	8 47	40 26	6	0 07	6 00	1 25	6 73	»	50 45
7 25	»	8 05	»	»	1 19	8 19	44 23	6	»	»	»	6 96	»	54 65
7 50	0 40	8 10	0 26	50 00	1 13	8 10	48 82	6	»	»	»	6 71	»	58 99
7 75	»	8 55	»	»	1 06	8 28	53 00	6	»	»	»	6 50	»	63 75
8 »	»	8 80	»	»	0 98	7 84	56 12	7	0 06	4 50	1 25	6 99	» 66	67 57

§ 50. Nos observations sur les points d'appui et la courbure des solives, § 36 et 37, s'appliquent également à cette deuxième combinaison de planchers. Toutefois, le plus grand écartement de solives entraîne à des longueurs de portées qui, dans bien des applications, et notamment lorsque les barres se scellent dans les façades, offriraient de sérieuses difficultés. Il sera toujours possible de diminuer les longueurs qu'indiquent nos tableaux, en plaçant sous chaque point d'appui une plaque de tôle plus large que la nervure du double T, calculée pour que la pression exercée sur la pierre soit toujours d'environ 6 kilog. par centimètre carré.

Points d'appui et courbure des solives.

§ 51. Les dispositions indiquées § 38 pour le premier système s'appliquent également à celui-ci, car à notre avis, l'emploi de la tôle et des cornières devra toujours être préféré aux fers à double T, comme plus solides et plus économiques.

CAS PARTICULIER.

Solives d'enchevêtrures.

CHAPITRE III

DÉTAILS SUR LA CONSTRUCTION

DES

POUTRES EN TOLE

La forme la plus économique et par conséquent la plus usitée est celle d'un double T (figure 20), composé d'une paroi verticale en tôle, renforcée haut et bas par des nervures, formées selon la résistance que l'on veut obtenir, soit de deux cornières seules, soit de deux cornières auxquelles on rive des semelles horizontales également en tôle.

Figure 20.

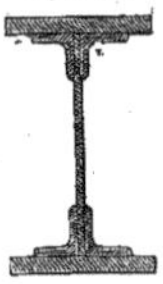

Quelquefois, dans des constructions importantes, la semelle supérieure est courbée en arc de cercle (figure 21), pour s'opposer au voilement que les efforts de compression tendent à produire. Enfin, dans d'autres circonstances, on substitue à la paroi pleine une paroi évidée composée de diagonales formant treillis.

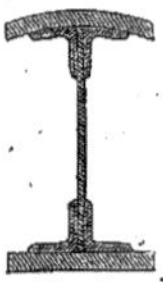

Les assemblages de ces poutres ont d'autant plus d'importance que les calculs au moyen desquels on détermine la section transversale, supposent que toutes les parties réunies par des rivets forment une seule pièce.

Fig. 21.

La pratique ne permet pas d'atteindre ce résultat, mais il est possible de s'en rapprocher par des assemblages bien proportionnés. C'est pour atteindre ce but que nous allons indiquer les principaux détails de ces constructions.

Résistances des rivets.

§ 52. Les rivets posés à chaud, réunissant deux ou un plus grand nombre de tôles, offrent deux natures de résistances bien distinctes :

1° La première, appelée *résistance au cisaillement*, résulte de ce que le rivet, par le contact parfait des tôles, ne peut céder que par le glissement de l'une sur l'autre des feuilles, qui jouent alors à son égard le rôle d'une cisaille.

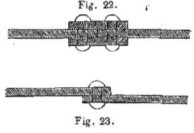

Fig. 22.
Fig. 23.

Cette résistance est proportionnelle au nombre de sections offertes au cisaillement, c'est-à-dire qu'elle est deux fois plus grande pour un rivet réunissant trois épaisseurs (fig. 22) que pour un rivet n'en réunissant que deux (figure 23).

2° La seconde résistance est due au *frottement* des tôles les unes sur les autres, résultant de la pression qu'exercent les têtes des rivets par la contraction de leurs tiges au moment du refroidissement.

Les expériences faites pour déterminer la valeur de ces deux résistances, expériences dont on trouvera les détails dans l'ouvrage de M. Love, *Sur les résistances et autres propriétés du fer et de la fonte* (édition 1859), ont démontré : que la résistance au cisaillement est à peu près les 2/3 de la résistance à la traction, et que cette résistance, ajoutée à celle produite par la contraction du rivet, est à peu près égale à la résistance du rivet par traction.

En pratique, il est prudent, pour tenir compte des imperfections d'exécution qui tendent à diminuer la valeur des assemblages, de négliger la résistance par frottement, et de n'attribuer aux rivets que leur résistance par cisaillement, égale, comme nous venons de le voir, aux 2/3 de leur résistance par traction directe.

Diamètres et espacements des rivets.

§ 53. Bien qu'il n'existe aucune règle spéciale pour déterminer le diamètre des rivets proportionnellement aux épaisseurs qu'ils doivent réunir, il importe cependant de ne pas les faire trop petits, car non-seulement ils seraient impuissants à opérer le contact parfait des tôles, mais encore on s'exposerait à ce que la contraction de la tige causée par un refroidissement trop prompt fît sauter toutes les tôles. Ces inconvénients, que nous avons été

— 79 —

à même de constater bien des fois, nous ont conduit à admettre autant que possible, dans nos constructions, des diamètres proportionnés aux épaisseurs dans l'ordre indiqué au tableau n° 56, ci-après.

Il arrive que des circonstances spéciales obligent à modifier les rapports que nous venons d'indiquer ; comme par exemple, dans une poutre dont les semelles varient d'épaisseur dans sa longueur. Dans ce cas, la nécessité d'avoir en construction un diamètre uniforme de rivets dans toute la longueur des semelles, doit faire choisir le diamètre qui correspond à la plus forte épaisseur.

§ 54. La principale condition d'une bonne rivure exige que le rivet soit suffisamment refoulé pour que sa tige remplisse exactement le trou pratiqué dans les épaisseurs qu'il doit réunir. Ce refoulement s'obtient d'autant mieux que le rivet a moins de longueur ; d'où il suit, qu'il existe pour la tige une longueur maximum au delà de laquelle les marteaux les plus pesants que les ouvriers puissent manœuvrer pendant dix heures consécutives, sont impuissants pour obtenir ce résultat. Ainsi une épaisseur de 70 millimètres, donnant avec des rivets de 25 millim. une longueur de tige 0^m,110, doit être considérée comme un maximum difficile à atteindre avec une bonne fabrication.

Épaisseur maximum qu'il convient de ne pas dépasser pour les semelles d'une poutre.

Il est donc nécessaire lors de la rédaction d'un projet, de proportionner la hauteur des poutres et la largeur des semelles, pour que leur épaisseur maximum soit plutôt inférieure qu'égale à la limite que venons d'indiquer.

§ 55. Les dimensions des cornières doivent être proportionnées aux diamètres des rivets de telle sorte, qu'entre l'extérieur des trous et des côtés de cornières, il reste encore une épaisseur convenable. Le tableau n° 56 indique ces proportions, auxquelles nous ajoutons les distances à observer de l'angle des cornières à l'axe des trous, calculées pour que les têtes des rivets ne fassent pas obstacle aux couvre-joints lorsqu'il sera nécessaire d'en employer.

Dimensions des cornières, proportionnées aux diamètres des rivets.

TABLEAU N° 56

Indiquant proportionnellement aux diamètres des rivets :

1° Les épaisseurs à river ; 2° les distances entre les rivets ; 3° les dimensions des cornières.

Diamètres des Rivets.	Epaisseurs à river, compris cornières. Minimum Maximum	Distances entre les rivets dans le sens longitudinal des pièces.	Dimensions AC des côtés de Cornières.	Distances AB de l'angle des Cornières au centre des trous.	OBSERVATIONS.
Millimètres. 8	Millimètres. 6 à 12	50 à 60	35 × 35	19	Toutes les dimensions sont indiquées en millimètres. Les distances entre les rivets varient quelquefois par la nature des assemblages ; elles ne s'appliquent pas aux constructions étanches.
10	10 » 12	60 » 70	40 × 40	22	
12	12 » 14	70 » 80	45 × 45	24	
14	14 » 16	80 » 90	50 × 50	27	
			55 × 55	30	
16	16 » 20	90 » 100	60 × 60	33	
			65 × 65	36	
18	20 » 25	. . . . .	70 × 70	38	
			75 × 75	41	
20	25 » 35	100 à 120	80 × 80	43	
			85 × 85	46	
22	35 » 50	. . . . .	90 × 90	48	
25	50 » 70	. . . . .	100 × 100	56	

Dimensions des têtes des rivets.

§ 57. Les têtes des rivets doivent avoir des dimensions proportionnées à leurs diamètres, et suffisantes pour qu'elles ne cèdent pas à l'effort de contraction de la tige au moment du refroidissement.

Ces dimensions sont indiquées au tableau n° 57 ci-après.

TABLEAU N° 57.

Diamètres des rivets D en millimètres.	Rayons R en millimètres.	Épaisseurs E des têtes en millimètres.	Diamètres D' des têtes en millimètres.	OBSERVATIONS.
Millimètres.		Millimètres.	Millimètres.	
8	6.9	4.8	13	
10	8.6	6.0	17	
12	10.3	7.2	20	
14	12.0	8.4	23	
16	13.7	9.6	27	
18	15.5	10.8	30	D = diamètre du rivet.
20	17.2	12.0	33	$S = 1/3$ de D.
22	18.9	13.2	36	$E = 0.60$ de D.
25	21.5	15.0	41	$R = 0.86$ de D.

§ 58. En pratique on a pour habitude, au moment du tracé des assemblages, de fixer à l'avance le diamètre des rivets, ce qui peut se faire au moyen du tableau n° 56 ; il ne reste plus qu'à en déterminer le nombre pour chaque joint. M. Love, dans son *Traité sur les résistances du fer et de la fonte*, donne la formule suivante très-simple et très-commode pour déterminer le nombre de sections de cisaillement, indispensables pour satisfaire à la condition d'égale résistance entre les rivets et les feuilles de tôle. Il indique :

Formule pour déterminer le nombre de rivets d'un joint.

$$N = \frac{T' e (l - d)}{0,52 T d^2}, \text{ dans laquelle :}$$

$N =$ représente le nombre de sections de rivets à cisailler ;

$T' =$ la résistance par centimètre carré de la tôle à la rupture par traction ;

$T =$ la résistance par centimètre carré du fer des rivets à la rupture par traction.

$d =$ diamètre des rivets \
$l =$ largeur de la tôle. . \
$e =$ épaisseur   id. . .

Ces trois valeurs exprimées en centimètres et fractions de centimètres.

$(l - d)$ représente la largeur de la tôle, moins la somme des diamètres de rivets placés sur une même ligne transversale, c'est-à-dire qu'on a :

$(l - 2d)$ quand il y a 2 rivets, $(l - 3d)$ quand il y en a 3, et ainsi de suite.

Le nombre de sections de cisaillement étant ainsi fixé, la quantité de rivets est facile à déterminer, selon que, par les dispositions de l'assemblage, chacun d'eux présente une, deux ou trois sections de cisaillement.

Résistances à la rupture à substituer à T' et T dans la formule précédente.

§ 59. Tous les fers entrant dans la composition des poutres en tôle ne présentent pas des résistances égales à la rupture par traction. Il est donc nécessaire, dans la formule précédente, de faire varier T' selon la nature du fer employé, et de lui appliquer les valeurs suivantes selon le cas :

VALEURS DE T'.
- $3450^k =$ Pour les tôles à ponts tirées parallèlement au laminage.
- $3450 =$ La même valeur pour les cornières.
- $3150 =$ Pour les tôles à ponts tirées perpendiculairement au laminage.
- $3600 =$ Pour les fers plats laminés en grandes largeurs (jusqu'à 0^m60), employés pour semelles des poutres et par conséquent tirés parallèlement au laminage.

Les fers employés pour les rivets devant toujours être de très-bonne qualité, on fera T qui les représente dans la formule précédente égal à 4000 kilog.

ASSEMBLAGES DES POUTRES EN TOLE A PAROIS PLEINES.

Des assemblages.

§ 60. Lorsque la longueur d'une poutre dépasse celle que les moyens actuels de laminage permettent aux forges de donner aux barres isolées, il faut avoir recours à des assemblages qui, bien étudiés, peuvent offrir une résistance sensiblement égale à celle des parties non interrompues.

Nous n'examinerons pas les différentes dispositions applicables

— 83 —

à un même joint, préférant nous borner à indiquer celles de ces dispositions que l'expérience a fait reconnaître la meilleure.

§ 61. Supposons que l'on ait à faire le joint de deux barres de fer plat large A et B de 0ᵐ300 de largeur sur 12 millim. d'épaisseur (figure 24). Par cette raison que chaque rivet doit offrir le plus grand nombre possible de sections de cisaillement, il y a intérêt de mettre sur chaque face un couvre-joint C, dont l'épaisseur pour chacun d'eux sera égale à la moitié de celle de la tôle, soit 6 millimètres. *Joint bout à bout de deux feuilles simples.*

Le nombre de sections de rivets de 18 millim. de diamètre, nécessaires à l'égalité de résistance étant donné par la formule indiquée § 58ᵉ.

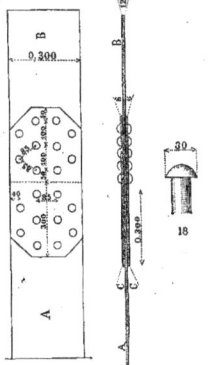

Fig. 21.

$$N = \frac{T' \, e \, (l-d)}{0.52 \, T \, d^2} \text{ dans laquelle :}$$

T′ = applicable à un fer plat grande largeur.. . . . . . = 3600ᵏ.
T = fer des rivets. . = 4000ₖ.
$l = 30^c$, $e = 1^c.2$, et $d = 1^c.8$.

Comme, par la distribution des rivets, il s'en trouve deux sur la même ligne transversale $(l-d)$ de la formule, doit être remplacé par $(l - 2d) = 26^c.4$.

D'où l'on tire N = 16 sections 88.

Chaque rivet offrant deux sections au cisaillement, il faudrait donc 8 rivets 1/2. Or, la meilleure distribution de ces rivets étant celle en quinconce de la fig. 24, on voit qu'il faut un nombre pair de rivets, et qu'on ne peut en mettre que 8 ou 10. C'est à 10 rivets qu'il convient de s'arrêter, c'est-à-dire au nombre pair supérieur à celui rigoureusement nécessaire, ainsi du reste qu'on devra toujours le faire lorsque le calcul donnera soit une fraction, soit un nombre impair de rivets.

§ 62. Les deux feuilles de fer plat large dont nous venons d'indiquer l'assemblage, appliquées sur des cornières pour former les semelles ou nervures d'une poutre (fig. 25), seraient réunis de la même manière en apportant toutefois les modifications suivantes. *Même assemblage*

Les feuilles simples réunies à des cornières

— 84 —

Le couvre-joint ne pouvant être double, le seul D que l'on puisse mettre à la partie supérieure, aurait la même épaisseur que la tôle, soit 12 millimètres. On ajouterait à la face inférieure et de chaque côté des cornières 2 plate-bandes E de 6 millimètres d'épaisseur, ayant pour but de conserver à chaque rivet des deux lignes extérieures G, les deux sections de cisaillement.

On nous objectera que ces deux plate-bandes E devraient être comptées dans la section du couvre-joint D et réduire d'autant son épaisseur de 12 millimètres.

Dans certains cas, cela se peut, mais le plus souvent il convient de n'en pas tenir compte, car le trou du rivet n'étant pas dans l'axe de la largeur, il laisse sur une rive une trop faible épaisseur.

Assemblage de quatre feuilles superposées deux à deux.

§ 63. Prenons pour exemple 4 barres de même section que les précédentes, c'est-à-dire de 0^m300 de largeur sur 12 millimètres d'épaisseur, ou deux barres doubles de 0^m300 sur 24, que nous désignerons par HH et II (fig. 26). La combinaison du joint que nous allons indiquer, qui n'est autre en quelque sorte, qu'une entaille moitié par moitié des épaisseurs avec le croisement que nous déterminerons, est celle qui, dans la construction des ponts, a été reconnue la meilleure, parce qu'elle offre une économie sur le poids des couvre-joints qui résulteraient du chevauchement des barres à moitié de leur longueur.

Puisque, par l'addition des couvre-joints, la section aux parties interrompues est la même qu'aux parties non interrompues, admettons que l'assemblage vienne à se rompre par le cisaillement de tous les rivets, et cela afin de bien nous rendre compte comment ils travaillent.

Chacune des doubles feuilles HH et II pouvant être considérée comme une seule épaisseur par suite des rivets qui les réunissent dans leur longueur, elles ne peuvent se séparer que de la manière suivante :

Les feuilles HH, par le cisaillement des sections de rivets comprises entre les surfaces ab, cd et efg; les feuilles II, par le cisaillement des sections de rivets comprises entre les surfaces

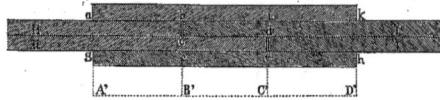

Fig. 26.

égales du reste aux précédentes, eh, cd et bik. Il en résulte que les sections de rivets comprises dans le croisement B'C' entre les surfaces bi, cd, fe, sont communes aux deux barres H et I, et doivent être en rapport avec la section réunie de ces barres; tandis que, dans les parties extrêmes A'B' et C'D', les rivets n'ont besoin d'offrir qu'un nombre de sections de cisaillement proportionnel à l'épaisseur d'une feuille, c'est-à-dire moitié moins qu'entre B'C'.

En donnant 20 millimètres de diamètre aux rivets, la formule dont nous nous sommes servis § 61, appliquée avec les mêmes valeurs, sauf le diamètre des rivets portés à 2°, produit pour une barre de 0^{m}300 sur 12 :

Fig. 27.

$$N = \frac{3600^k \times 1^c 2 \times 26^c}{0.52 \times 4000^k \times 2^2} = 13 \text{ sections } ^1/_2.$$

D'où il suit :

1° Que les parties du couvre-joint A'B', C'D' doivent présenter chacune 13 sections $^1/_2$ de cisaillement. Or, comme chaque rivet en contient deux sur les faces ak et gh, il faudrait 6 rivets $^1/_4$, que le tracé (fig. 27) oblige à porter à 8;

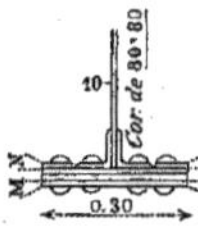

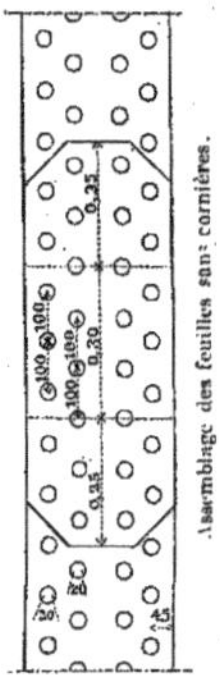

2° Que la partie du couvre-joint B'C' doit présenter 27 sections de rivets et que comme chacun en offre trois, il faudrait 9 rivets, que le tracé (fig. 27) oblige à porter à 10.

Le couvre-joint supérieur M aurait l'épaisseur d'une tôle, soit 12 millimètres, et les plate-bandes N destinées à conserver aux rivets des lignes extérieures leurs sections de cisaillement, n'auraient que 8 millimètres.

Assemblage de six feuilles superposées trois à trois.

§ 64. Ce que nous venons de dire, dans le paragraphe précédent, de l'assemblage de quatre tôles deux à deux, s'applique également à l'assemblage de six barres superposées trois à trois (fig. 28); c'est-à-dire que dans les parties de croisement B″C″ et C″D″, chaque rivet offrant toujours trois sections de cisaillement, la quantité de sections de rivets nécessaire à l'égalité de

Figure 28.

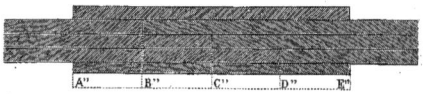

résistance en ces points, devra toujours être le double de celle comprise dans les parties extrêmes A″B″ et D″E″ où chaque rivet ne présente que deux sections de cisaillement.

Maximum du nombre de sections de cisaillement d'un rivet.

§ 65. De l'examen des diverses espèces de joints qui précèdent on tire cette conclusion, que, quel que soit le nombre de feuilles superposées, on doit les considérer comme ne formant qu'une seule épaisseur dans toute leur longueur, et que par suite, un rivet ne peut jamais offrir au maximum, plus de trois sections de cisaillement.

Fig. 29.

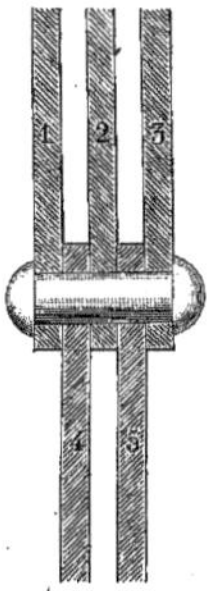

Nous insistons sur ce point, attendu que ce résultat est en désaccord avec l'opinion émise en diverses circonstances et qui consiste à dire :

Que les feuilles superposées doivent être considérées comme agissant isolément sur le même rivet et qu'alors, le nombre des feuilles étant représenté par N, celui des sections de cisaillement du rivet est égal à $(N-1)$; soit pour trois feuilles superposées formant cinq épaisseurs avec les couvre-joints $(5-1) = 4$ sections. — Ce raisonnement n'est vrai qu'autant que les épaisseurs seraient disposées en forme de chaîne (figure 29), disposition dans laquelle les barres sont parfaitement isolées et ne peuvent se séparer qu'en cisaillant les 4 sections du rivet.

---

§ 66. — Les couvre-joints de cornières sont toujours les plus mauvais, parce qu'il est impossible d'obtenir dans ces assemblages, une résistance égale aux parties non interrompues.

Couvre-joints de cornières.

La forme arrondie de la cornière oblige à donner au développement du couvre-joint A (figure 30) une longueur inférieure à la somme des deux côtés de cette cornière ; son épaisseur est elle-même limitée par l'obligation de laisser la place nécessaire à la tête du rivet B et ne peut, en général, être supérieure à celle de la cornière.

Figure 30.

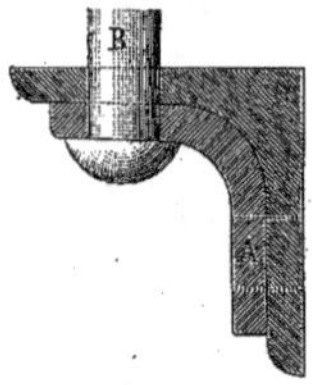

Il s'en suit donc que la section de ce couvre-joint, assez sensiblement inférieure à celle de la cornière, cause un affaiblissement au point interrompu.

Aussi dans les ponts de quelque importance ou dans des poutres isolées soumises à des charges considérables, on fait assez souvent dans les calculs abstraction de la résistance des cornières ; ou bien, ce qui est préférable, on ne tient compte que des nervures horizontales, laissant les nervures verticales pour compenser l'affaiblissement des joints.

Il suit de là que la section des rivets doit être en rapport, non pas avec la cornière, mais avec la section du couvre-joint, et comme en outre chaque rivet n'offre qu'une section de cisaillement, il faut un nombre de rivets égal à N de la formule indiquée § 58.

---

§ 67. — Le joint de deux feuilles formant la paroi verticale d'une poutre, diffère du joint § 61, en ce que la tôle étant tirée perpendiculairement au laminage, T' doit être fait égal à 3150 kilog. Toutefois la formule $N = \dfrac{T' \, e \, (l-d)}{0.52 \, T \, d^2}$ est un peu

Joint vertical de deux tôles formant la paroi d'une poutre.

moins simple que dans les cas précédents, puisque la position des rivets n'est pas invariablement fixé à l'avance et que $(l-d,)$ ou la largeur de la tôle moins la somme des diamètres de rivets placés sur une même ligne reste inconnu ; cette petite difficulté peut, ainsi que nous nous en sommes assurés, être levée par un léger tâtonnement.

Prenons pour exemple une paroi verticale de 1 mètre de hauteur sur 1 centimètre d'épaisseur. Pour déterminer le nombre de sections de rivets de 18 ‰ de diamètre, supposons par tâtonnement $(l-d) = l$. T' étant $= 3150$ kilog. nous aurons

$$N = \frac{3150^k \times 1^c \times 100^c}{0.52 \times 4000 \times 1^c 8^2} = 46 \text{ sections } 70.$$

correspondant à environ 23 rivets de deux sections, nombre supérieur à celui qui est réellement nécessaire.

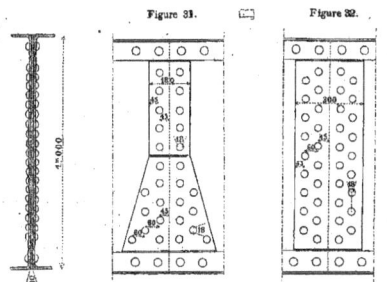

Figure 31. Figure 32.

Partant de là, si nous plaçons sur une même ligne 12 rivets de 18 ‰, nous aurons $(l-d) = (100^c - 21^c 6) = 78^c 4$, et le nombre de sections rigoureusement nécessaire sera de :

$$N = \frac{3150^k \times 1^c \times 78^c 4}{0.52 \times 4000 \times 1^c 8^2} = 36 \text{ sections } \frac{1}{2}.$$

Soit 18 rivets ½ ou en nombre rond 19.

Cet assemblage se fait de deux manières. L'une représentée figure 31, consiste à mettre deux couvre-joints d'égale largeur avec quatre lignes de rivets chevauchés ; l'autre, figure 32, consiste à n'employer que deux lignes de rivets, dans la partie supérieure travaillant en compression à partir de l'axe neutre, et à placer dans la partie inférieure agissant par traction, un couvre-joint évasé contenant le nombre de sections de rivets donné par le calcul. Cette deuxième disposition ne peut égaler la première, qu'autant que les deux tôles, dans la partie comprimée, seront suffisamment en contact pour soulager les rivets.

§ 68. Pour consolider la paroi verticale des poutres, on place à des distances subordonnées à l'ensemble de la construction, des montants verticaux composés, soit d'un fer à T simple, soit d'une tôle et deux cornières. Lorsque les semelles ou nervures des poutres offrent une largeur suffisante, on recourbe d'équerre les deux extrémités de ces montants pour les relier aux semelles, qu'ils maintiennent alors dans un plan parfaitement horizontal.

Montants verticaux.

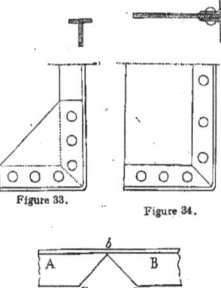

Figure 33.   Figure 34.

Les assemblages (figures 33 et 34) sont les meilleurs parce qu'ils laissent sans interruption l'une des nervures, soit du fer à T simple, soit des cornières. Le coude d'équerre s'obtient à chaud, en coupant le triangle *abc* (fig. 35) et en repliant ensuite l'une sur l'autre les deux parties A et B.

Figure 35.

POUTRES A PAROIS ÉVIDÉES.

Tous les assemblages que nous venons d'indiquer, à l'exception de celui d'une paroi pleine, s'appliquent également aux poutres à parois évidées. Nous n'avons donc plus qu'à examiner les détails spéciaux de ce dernier mode de construction. Malgré l'opposition qu'il rencontre, nous le croyons très-bon par l'expérience résultant des nombreuses applications que nous en avons faites.

Avant de décrire les assemblages, il est utile de rendre compte de la manière dont travaillent les diagonales qui composent la partie évidée; nous serons très-brefs pour ne pas dépasser le cercle restreint que nous nous sommes tracé.

Diagonales en compression, montants en traction.

§ 69. Admettons que l'on veuille supporter par deux diagonales AC et CB (figure 36), un poids P agissant au milieu de la distance des deux appuis A et B. Ces deux diagonales travailleront en compression si elles sont reliées par une tige AB qui agira par traction.

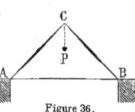

Figure 36.

Si la distance des appuis était plus grande, et que l'on doive employer plusieurs diagonales (figure 37), le premier triangle ABC peut être considéré comme suspendu à un 2ᵉ système A'C', E'B', par deux tiges AC' et BE' travaillant par traction, et qui feront agir par compression la traverse C'E' et les deux diagonales A'C', B'E', ces dernières étant toujours maintenues par un tirant A'B'.

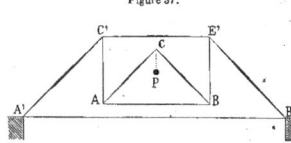

Figure 37.

Diagonales en traction, montants en compression.

§ 70. En renversant les deux combinaisons ci-dessus, suivant les figures 38 et 39, on voit que toutes les pièces qui, dans les dispositions figures 1 et 2 agissaient par compression, travaillent maintenant par traction, et réciproquement, celles qui étaient en traction agissent en compression.

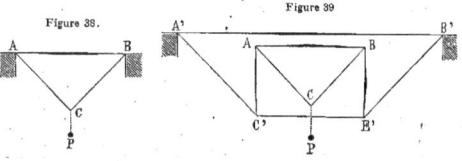

Figure 38.   Figure 39.

Combinaisons des deux systèmes

§ 71. La combinaison des deux systèmes fait voir (figure 40) que la partie inférieure ab, les montants e et les diagonales f travaillent en traction, et que la partie supérieure cd et les diagonales g agissent par compression.

Figure 40.

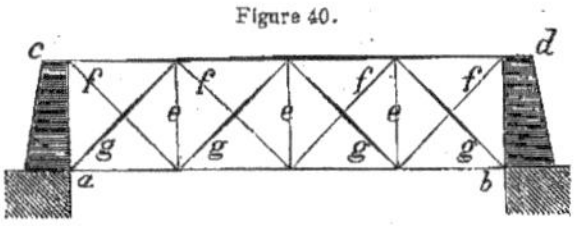

Chaque diagonale n'ayant plus à supporter que la moitié du poids qui lui incombe dans les combinaisons isolées figures (1ʳᵉ à 4), sa section doit être également réduite de moitié.

§ 72. Des explications qui précèdent et qui s'appliquent à une pièce chargée en son milieu d'un poids P, on voit que les diagonales doivent être toutes de même section, calculée pour résister à un effort $\frac{P}{2}$ égal à la réaction sur chacun des points d'appui de la poutre.

Section des diagonales dans une poutre chargée au milieu.

§ 73. Supposons que la poutre soit chargée d'un poids uniformément réparti que nous ferons égal à p pour la distance comprise entre deux tiges verticales A' et B' (figure 41). Les efforts reçus par les diagonales, étant transportés successive-

Sections des diagonales dans une poutre chargée uniformément sur sa longueur.

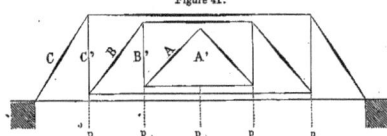

Figure 41.

ment d'une tige verticale à une autre, vont s'ajouter et croître du milieu de la poutre à chacun de ses points d'appui.

Ainsi la tige A', chargée de p, transmettra la moitié de cette charge ou $\frac{p}{2}$ à la diagonale A, qui, agissant elle-même sur la tige B', porte à $p + \frac{p}{2}$, l'effort que celle-ci doit transmettre à la diagonale B. Par suite, la compression exercée sur C résultera de la traction de la tige C', égale à $2p + \frac{p}{2}$.

Si le système de diagonales est double comme l'indique la figure 40, leurs sections réunies devront être égales à celle de la diagonale simple.

— 92 —

Ce qui se fait en pratique sur la variation des sections de diagonales.

§ 74. L'application la plus fréquente étant celle de poutres uniformément chargées sur leur longueur, les diagonales, d'après ce que nous avons vu, doivent varier de section entre le milieu qui correspond à leur minimum et les points d'appui où elles atteignent leur maximum.

A moins qu'elles ne supportent des charges considérables, il est à peu près impossible en pratique de suivre les résultats du calcul, qui conduiraient, pour les plus faibles diagonales, à des dimensions insuffisantes pour la durée de la construction. Dans ce cas, on prend pour base la section la plus forte, qu'on diminue par appréciation pour obtenir la plus faible.

Inclinaison à donner aux diagonales.

§ 75. L'inclinaison de 45° est celle qui correspond au minimum de poids de fer employé, et doit être appliquée de préférence aux inclinaisons plus faibles, qui, malgré l'avantage qu'elles offrent de diminuer l'effort que supporte chaque barre, augmentent le poids du métal par suite de la diminution des vides.

Application de ce qui précède à une poutre de 20m32.

— Treillis en fer plat. (*Détails planche 3*)

§ 76. Prenons comme exemple une poutre de 20m32 d'ouverture entre les points d'appui, devant supporter un poids $p =$

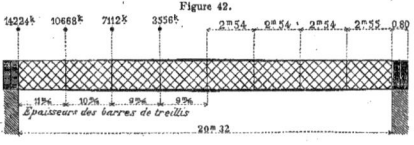

Figure 42.

1400 kilog. par mètre courant, uniformément réparti sur la longueur.

Si les montants verticaux sont espacés à 2m54, les charges correspondantes à chacun d'eux seront celles inscrites à la fig. 42 ci-dessus.

Nous ne nous occuperons que de la paroi à jour, puisque toutes les autres parties seraient calculées de la même manière que les poutres pleines.

Les diagonales que nous désignerons à l'avenir sous le nom de treillis, inclinés à 45°, auront à supporter :

1° Les moins chargées, celles du milieu,

$T = \sqrt{\overline{3556}^2 + \overline{3556}^2} = 5014$ kilog.;

2°. Les plus chargées, celles des points d'appui,

$T' = \sqrt{\overline{14732}^2 + \overline{14732}^2} = 20772$ kilog.

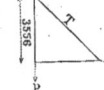

(Il est plus simple et plus expéditif de déterminer T et T' par le tracé graphique du parallélogramme.)

Si nous faisons travailler le fer à 6 kilos, la section minimum des 6 barres de treillis correspondant au montant du milieu sera de $\dfrac{5014}{6} = 835$ millim. carrés, ou par barre de 159 millim. carrés équivalents à un fer de 50 millimèt. de largeur sur 2 millimèt. d'épaisseur.

Leur section maximum près des appuis sera égale à $\dfrac{20772}{6} = 3343$ millim. carrés, ou par barre 557 millim. carrés, équivalents à un fer de 50 millim. de largeur sur 11 millimètres d'épaisseur.

L'épaisseur de 2 millim. 79 que donnent ces calculs pour la plus faible section, n'étant pas admissible, voici ce que la pratique conseillé de faire :

1° De donner une largeur uniforme de 0^m070 pour compenser l'affaiblissement des trous des rivets de 18 millim.;

2° De diminuer (voir figure 42) l'épaisseur de 1 millim. par panneau jusqu'à 9 millim. qui sera l'épaisseur des treillis des deux panneaux du milieu.

Puisque moitié du treillis travaille en traction, l'autre moitié en compression, par longueurs égales à celles comprises entre deux points de croisement, il faut, pour rendre ce dernier travail efficace, donner le plus d'épaisseur possible, bien que cependant il faille que la largeur reste proportionnée à l'ensemble de la construction.

Le dessin d'ensemble et les détails de cette poutre sont représentés planche n° 3.

Même poutre. Treillis en fer à T simple ou en cornières. (Détails planche 3)

§ 77. Les adversaires des poutres à parois évidées font à ce système deux objections : que les treillis n'établissent pas entre les nervures supérieures et inférieures une solidarité égale à celle d'une paroi pleine, et qu'en employant le fer plat pour diagonales, celles qui sont soumises à la compression doivent se voiler. Ces observations, la première surtout, ne nous paraissent pas bien fondées, car les applications faites prouvent que, par une proportion bien entendue des écartements et des sections des barres, le voilement présumé n'a pas lieu. On peut, du reste, quoiqu'il soit d'une construction plus difficile, établir le treillis en barres cornières ou à T simple.

L'aspect et les détails d'assemblages restent les mêmes, sauf les montants verticaux qui doivent être coudés à leurs extrémités, pour laisser entre eux le vide nécessaire au passage des nervures du treillis. Cette disposition est représentée planche n° 3, figure 44.

ASSEMBLAGES DES POUTRES EN TOLE A PAROIS ÉVIDÉES.

Assemblages des treillis.

§ 78. Les barres du treillis, par suite de leur simple superposition aux tôles verticales des nervures supérieures et inférieures, sont dans la condition de l'assemblage de deux feuilles simples, c'est-à-dire que chaque rivet ne présente qu'une section de cisaillement.

Les dimensions de chaque barre étant de 70 millim. de largeur sur 11 millim. d'épaisseur, et le diamètre des rivets fixé à 18 millim., on a :

$$N = \frac{3600^k \times 1^{c}1 \times 5^{c}2}{0.52 \times 4000 \times \overline{1^{c}8}^2} = 3 \text{ rivets de 18 millimètres.}$$

En remplaçant le treillis en fer plat par des barres cornières de même section, ou $\dfrac{70 \times 50}{7}$, le nombre de rivets et leur distribution resteraient les mêmes.

CHAPITRE IV.

APPLICATION DES RENSEIGNEMENTS CONTENUS DANS LES CHAPITRES PRÉCÉDENTS

A LA CONSTRUCTION DE GRANDS

PLANCHERS AVEC POUTRES
EN TOLE.

§ 79. Les détails d'une travée de ces constructions exécutées à Paris en 1861, sont reproduits planche 4. La substitution aux chevêtres et carillons du système d'entretoises rigides indiqué § 23, est la seule modification que nous ayons introduite.

Construction de la Société immobilière, rue Mogador, à Paris. — M⁹ Dubois et Lenoir architectes.

Chaque travée de 8 mètres de longueur sur 7 mètres de largeur se compose d'une poutre principale en tôle et cornières de 8 mètres d'ouverture, servant de points d'appuis a des solives en fer à double T de 0^m14 à 14 kilog. le mètre, espacées régulièrement de 0^m666. L'ensemble de la construction hourdée en plâtre, doit supporter 400 kilog par mètre superficiel.

Nous allons indiquer les coëfficients de sécurité appliqués à la poutre et aux solives.

Poutre. — La poutre supporte une surface de plancher de $8^m \times \dfrac{7^m80}{2} = 31^{mc}20$ et un poids uniformément réparti de $31^{mc}20 \times 400^k = 12480^k$ soit par mètre de longueur

$$p = \frac{12480^k}{8^m} = 1560^k$$

La formule (§ 1er No 9) $\dfrac{p\,L^2}{8} = R \times \dfrac{I}{n}$ nous donne

$$R = \dfrac{p\,L^2}{8} \times \dfrac{n}{I} \text{ dans laquelle } L = 8^m \text{ et}$$

$$\dfrac{I}{n} = \dfrac{0.25 \times \overline{0.29}^3 - (0.08 \times \overline{0.26}^3 + 0.14 \times \overline{0.24}^3 + 0.02 \times \overline{0.10}^3)}{6 \times 0.29}$$

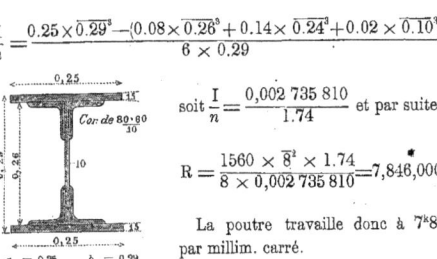

soit $\dfrac{I}{n} = \dfrac{0{,}002\,735\,810}{1.74}$ et par suite

$$R = \dfrac{1560 \times \overline{8}^2 \times 1.74}{8 \times 0{,}002\,735\,810} = 7{,}846{,}000^k$$

La poutre travaille donc à 7^k84 par millim. carré.

Points d'appuis. — Chaque point d'appui supporte

$$\dfrac{124\,80^k}{2} = 6240^k$$

Pour que de la pierre tendre ne soit soumise qu'à une pression de 6 kilog. par centimètre carré, il faut une surface de

$$\dfrac{6240}{6} = 1040 \text{ cent. carrés,}$$

correspondant à très-peu près aux dimensions données de 0.35 de longueur sur 0.30 de largeur.

Solives. — Chaque solive supporte une surface de plancher de $3^m70 \times 0^m666 = 2^{mc}597$ et un poids uniformément réparti de $2^{mc}597 \times 400^k = 1039^k$ soit par mètre courant

$$p = \dfrac{10\,39^k}{3^m90} = 266^k40$$

nous avons :

$$\dfrac{I}{n} = \dfrac{0^m047 \times \overline{0.14}^3 - 0^m041 \times \overline{0.126}^3}{6 \times 0.14} = \dfrac{0{,}000{.}046{.}851}{0{,}84}$$

et $L = 3^m90$: la même formule que ci-dessus donne

$$R = \frac{266{,}40 \times \overline{3.90}^2 \times 0.84}{8 \times 0{,}000.046.851}$$

soit $R = 9{,}081.008$.

Les solives travaillent donc à 9^k08 par millimètre carré.

POIDS DE LA TRAVÉE DE 8^m00 SUR 7^m80 PRODUISANT UNE SURFACE DE $62^{mc}40$.

Poutre en tôle, compris encrage, 1175^k

soit par mètre... $\quad\quad\quad \dfrac{1175^k}{62.40} = 18^k83$

22 Solives de 4^m10 de longueur
fer I de 0^m14 à 14^k le mètre. 1262.80
44 Équerres d'assemblages.... 75.00
44 Boulons .id......... 18.00

Total..... 1355^k80

Soit par mètre.. $\quad\quad \dfrac{1355.80}{62.40} = 21^k71$

48 Entretoises des solives en cornières de $\dfrac{40 \times 40}{5}$ pesant
4^k15 l'une............: 199^{k}20

24 Barres de cornières longitudinaires en $\dfrac{20 \times 20}{4}$ d'ensemble 98^m30 de longueur à 1^k20. 118.10

Total..... 317.30

Soit par mètre.. $\quad\quad \dfrac{317.30}{62.40} = 50^k8$

Poids total du mètre superficiel.... $\quad\quad 44^k62$

---

§ 80. — Au grand hôtel du Louvre à Paris, construit en 1854 sous la direction de M. Armand, architecte, deux planchers de dimensions exceptionnelles, ayant douze mètres d'ouverture avec poutres espacées de 7^m30, ont été exécutés pour la grande salle à manger.

Planchers de 12^m00 d'ouverture.

Les dispositions générales ne permettant pas l'emploi de colonnes pour diminuer la portée des poutres, il ne restait en présence que deux systèmes : l'un, composé de grandes poutres de 12 mètres et de hauteur proportionnée à la charge ; l'autre, consistant à combiner les deux poutres placées dans le même axe vertical, par des contre-fiches et des suspensions, offrant cet avantage de diminuer considérablement la hauteur et le poids du fer employé.

Cette dernière disposition, rendue possible par l'emplacement des cloisons de distributions comprises entre les deux planchers, fut, par raison d'économie, adoptée par M. Armand.

Les détails d'exécution des deux systèmes que nous venons d'indiquer, figurés planches 5 et 6, joints aux renseignements qui vont suivre, feront ressortir l'intérêt que peut présenter l'application des poutres combinées, lorsqu'aucune considération spéciale ne s'y oppose.

1° POUTRES ISOLÉES

Détails d'exécution, planche 5.

Chaque travée, de 12^{m}00 de longueur sur 7^{m}50 de largeur, se compose d'une poutre principale en tôle de 12^{m}00 d'ouverture, recevant les points d'appuis de 8 grandes solives en fer à double T, de 0^{m}26, du poids de 45 kilog. le mètre, espacées régulièrement de 1^{m}33 ; sur ces grandes solives, s'appuyent à des écartements de 1^{m}25 de petites solives en fer à double T de 0^{m}08 pesant 7 kilogr. le mètre. Nous appliquerons à cette construction, exposée par sa nature à recevoir des réunions nombreuses, un poids de 450 kilogr. par mètre superficiel, comprenant un hourdage en plâtre et la surcharge accidentelle mentionnée au tableau n° 18e.

Poutre. — La poutre supporte une surface de plancher de $12^m \times 7^m 50 = 90^{ms}$ et un poids uniformément réparti de $90^m \times 450^k = 40,500^k$, soit par mètre de longueur

$$p = \frac{40,500^k}{12} = 3,375^k.$$

La formule (§ 1er, n° 9) $\frac{pL^2}{8} = R \times \frac{1}{n}$ nous donne

$$R = \frac{pL^2}{8} \times \frac{n}{I}, \text{ dans laquelle } L = 12^m \text{ et}$$

$$\frac{I}{n} = \frac{ab^3 - 2(a'b'^3 + a''b''^3 + a'''b'''^3)}{6 \times b}$$

$$\frac{1}{n} = \frac{0,35 \times 0,636^3 - (0,16 \times 0,58^3 + 0,16 \times 0,56^3 + 0,02 \times 0,40^3)}{6 \times 0,636}$$

d'où $\frac{1}{n} = \frac{0,0294432}{3,816}$ et par suite

$$R = \frac{3375 \times \overline{12}^2 \times 3,816.}{8 \times 0,0294432.} = 7,873,000$$

La poutre travaille donc à 7^{k}87 par millim. carré.

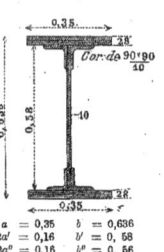

$a = 0,35 \quad b = 0,636$
$2a' = 0,16 \quad b' = 0,58$
$2a'' = 0,16 \quad b'' = 0,56$
$2a''' = 0,02 \quad b''' = 0,40$

Points d'appuis. — Chaque point d'appui supporte $\frac{40500 \text{ kilog.}}{2} = 20,250$ kilog. La surface offerte par le scellement de la poutre étant de $0,35 \times 0,35 = 1225$ centimètres carrés, la pierre sera comprimée de $\frac{20,250 \text{ kilogr.}}{1225} = 16^k 40$ par centimètre carré. Il faudrait donc placer sur les poutres des dés en pierre dure, qui sans inconvénient, peut résister à la pression que nous venons d'indiquer.

Grandes solives. — Chaque grande solive supporte une surface de plancher de $7^m50 \times 1^m33 = 9^{mc}975$ et un poids uniformément réparti de $9^m975 \times 450^k = 4488^k75$,

soit par mètre courant $p = \frac{448875}{7^m50} = 59\,850$

nous avons :

$$\frac{1}{n} = \frac{0.12 \times \overline{0.26}^3 - 0.109 \times \overline{0.235}^3}{6 \times 0.26} = \frac{0,000\,694\,522}{1,56}$$

L $= 7^m50$; la même formule que ci-dessus nous donne :

$a = 0,120 \quad b = 0,26$
$2a' = 0,109 \quad b' = 0,235$

$$R = \frac{598.50 \times \overline{7.5}^2 \times 1.56}{8 \times 0,000\,694\,522} \text{ soit } R = 9.452.000$$

Les grandes solives travaillent donc à 9^{k}45 par millim. carré.

Petites solives. — Chacune d'elles supporte une surface de plancher de $1^m33 \times 1^m25 = 1^{mc}662$ et un poids uniformément réparti de $1^{mc}662 \times 450^k = 747^k90$

soit par mètre courant $p = \dfrac{747.90}{1.33} = 56^k23$ nous avons

$$\frac{I}{n} = \frac{0.043 \times \overline{0.08}^3 - 0.037 \times \overline{0.068}^3}{6 \times 0.08} = \frac{0,000\ 009\ 522}{0.48}$$

$L = 1^m33$ et par suite

$$R = \frac{56.23 \times \overline{1.33}^2 \times 0.48}{8 \times 0,000\ 009\ 522} = 6.267.000$$

$a = 0,043\ b = 0,08$
$2a' = 0,037\ b' = 0,068$

ou 62^k6 par millim. carré.

La différence entre les coëfficients des grandes et petites solives, résulte des observations que nous avons faites § 41e.

POIDS DE LA TRAVÉE DE 12 MÈTRES SUR 7^m50
PRODUISANT UNE SURFACE DE $90^{mc}00$.

Poutre en tôle.........	3185^k	soit par mètre	$\dfrac{3185}{90} = 35^k40$
8 grandes solives en I de 0^m26 à 45 kilog., compris équerres et boulons	2825^k	id.	$\dfrac{2825}{90} = 31^k38$
45 petites solives en I de 0^m08 à 7 kilog., compris équerres et boulons	505^k	id.	$\dfrac{505}{90} = 5^k61$
Carillons de 12 millim...	310^k	id.	$\dfrac{310}{90} = 3^k44$
		Poids total du mètre superficiel....	75^k83

2° POUTRES A BRACONS

Détails d'exécution, planche 6.

Les détails figurés planche 6, ne sont pas exactement conformes à l'exécution du plancher de la grande salle à manger de l'hôtel du Louvre. — Nous avons conservé l'ensemble des dispositions de cette construction, en y introduisant les améliorations qu'une plus longue expérience nous a permis de réaliser.

Les deux poutres A et C, placés dans le même axe vertical à

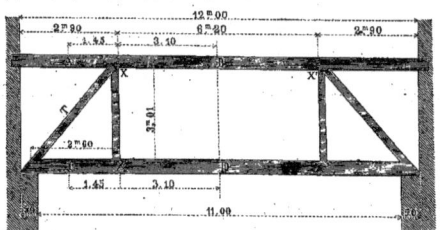

une distance de 3^m01, sont supportées aux points X et X' distants des appuis de 2^m90 ; la poutre A par les deux contrefiches T et la poutre C par les deux suspensions S, qui réduisent leur longueur à 6^m20, encastrés en X et X'.

Les efforts subis par chaque partie de ce système sont donc :

1° *Partie XX' de la poutre A, 6.20 de longueur.*

La surface de plancher qui lui correspond étant de $6^m20 \times 7^m50 = 46^m50$, la charge est égale à $46^m50 \times 450$ kilog. $= 20925^k$, soit par mètre courant $p = \dfrac{20925^k}{6^m20} = 3375$ kilog.

2° *Suspensions S.*

Chacune d'elles supporte la partie de plancher C.D, égale à $4^m55 \times 7^m5 = 35^{mc}625$, et un poids de $35^{mc}625 \times 450 = 16031^{2}5$.

3° *Contrefiches* T

La composante verticale P, qui détermine la compression exercée sur chaque contrefiche, résulte :

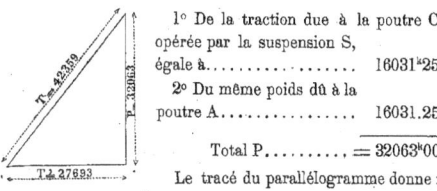

1° De la traction due à la poutre C opérée par la suspension S, égale à.................. 16031^k25

2° Du même poids dû à la poutre A............... 16031.25

Total P......... = 32063^k00

Le tracé du parallélogramme donne :
T = 42359^k et pour la composante horizontale T' = 27693^k.

4° *Poutres* S.

Indépendamment de la charge que supporte cette pièce, à raison de 450 kilog. par mètre superficiel, elle joue à l'égard des contrefiches le rôle d'un entrait, et subit par ce fait un effort de traction supplémentaire égale à la composante horizontale T' = 27693 kilog.

COEFFICIENTS DE SÉCURITÉ APPLIQUÉS A CETTE POUTRE COMPOSÉE.

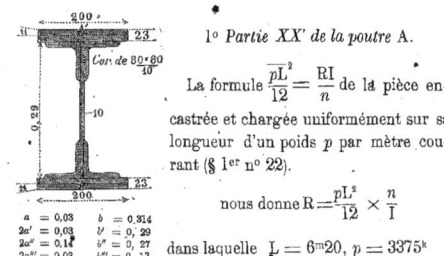

$a = 0,03$ $b = 0,314$
$2a' = 0,03$ $b' = 0,29$
$2a'' = 0,14$ $b'' = 0,27$
$2a''' = 0,02$ $b''' = 0,13$

1° *Partie* XX' *de la poutre* A.

La formule $\dfrac{\overline{pL}^2}{12} = \dfrac{RI}{n}$ de la pièce encastrée et chargée uniformément sur sa longueur d'un poids p par mètre courant (§ 1er n° 22).

nous donne $R = \dfrac{pL^2}{12} \times \dfrac{n}{I}$

dans laquelle $L = 6^m20$, $p = 3375^k$

et $\dfrac{1}{n} = \dfrac{0.20 \times \overline{0.314}^3 - (0.03 \times \overline{0.29}^3 + 0.14 \times \overline{0.23}^3 + 0.02 \times 0.13)^3}{6 \times 0.314}$

d'où $\dfrac{1}{n} = \dfrac{0,002\ 660\ 600}{1.884}$

et par suite $R = \dfrac{3375 \times \overline{6.20}^2 \times 1.884}{12 \times 0,002\ 660\ 600}$

$R = 7,655,000$, soit 7^k65 par millimètre carré.

2° Poutre C.

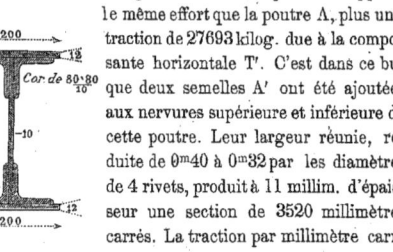

Ainsi que nous l'avons dit précédemment, la poutre C supporte le même effort que la poutre A, plus une traction de 27693 kilog. due à la composante horizontale T'. C'est dans ce but que deux semelles A' ont été ajoutées aux nervures supérieure et inférieure de cette poutre. Leur largeur réunie, réduite de 0^m40 à 0^m32 par les diamètres de 4 rivets, produit à 11 millim. d'épaisseur une section de 3520 millimètres carrés. La traction par millimètre carré est donc de $\dfrac{27693}{3520} = 7^k86$.

3° Suspensions S.

Chacune d'elles est composée de deux barres de fer plat de 0^m180 sur 10 millim.. La largeur de 0^m180, étant réduite à 0^m140 par deux diamètres de rivets, la section réelle est de $2 \times 140 \times 10 = 2800$ millimètres carrés, et l'effort de traction de $\dfrac{16031}{2800} = 7^k25$.

4° Contrefiches T.

La contrefiche composée de nervures en fer plat de 0^m03 d'épaisseur, reliées par 4 cornières de $\dfrac{90 \times 90}{16}$, offre une section de 22260 millimètres carrés pour résister à la compression

de 42259 kilog., soit par millimètre $\frac{42359}{22260} =$ 1 90. C'est en effet l'effort que l'on peut appliquer à une colonne en fer section de bielle, dont le rapport de la longueur en diamètre est de 20.

Solives. — Les grandes et petites solives conservent les dimensions, et par suite, les coëfficients indiqués au plancher à poutres simples.

ASSEMBLAGES DES CONTREFICHES T ET DES SUSPENSIONS S.

Contrefiches. — La composante horizontale T' = 27693 kilog. tend à cisailler tous les rivets qui assemblent les contrefiches à poutre supérieure et à la poutre inférieure. Il faut donc en chacun de ces points un nombre de sections de rivets, que peut donner la formule indiquée § 58, soit $N = \frac{T'e(l-d)}{0.52\,T\,d^2}$. Comme $T'e(l-d)$ représente la résistance à la rupture de la partie assemblée, nous pouvons admettre que la composante horizontale 27693 kilog. est égale au 1/6 de la rupture, et alors $T'e(l-d) = 27693$ kilog. $\times\, 6 = 166158$ kilog. Pour des rivets de 20 millimètres de diamètre, nous aurons :

$$N = \frac{166158}{0.52 \times 4000 \times 2^2} = 19 \text{ sections } 97,$$

soit 20 rivets, puisque chacun d'eux n'offre qu'une section de cisaillement.

Suspensions S. — La largeur de 0ᵐ180 étant réduite à 0ᵐ140 par deux diamètres de rivets de 20 millimètres, et l'épaisseur réunie des deux bancs de 20 millimètres, nous aurons :

$$N = \frac{T'e(l-d)}{0.52\,T\,d^2} = \frac{3600 \times 2 \times 14^\circ}{0.52 \times 4000 \times 2^2} = 12 \text{ sections } 10,$$

soit en nombre rond 7 rivets de 20 millimètres.

Points d'appuis de la poutre **C**.

La compression exercée sur chacun des points d'appuis de la poutre C est due à la contrefiche T $= 42359$ kilog. La plaque qui presse la pierre ayant 0^m60 sur $0^m45 = 2700$ centimètres carrés, on a par centimètre une pression de $\dfrac{42359^k}{2700} = 15^k68$. Il faut donc des dés en pierre dure sous chaque point d'appui.

POIDS D'UNE TRAVÉE DE DEUX PLANCHERS AYANT CHACUNE 12^m00 D'OUVERTURE SUR 7^m50 D'ESPACEMENT DE POUTRE, PRODUISANT UNE SURFACE DE 180^{mc}.

Deux poutres en tôle reliées par des contrefiches et suspensions .. 4050 k., soit par mètre $\dfrac{4050}{180} = 22^k50$

16 grandes solives en I de 0^m26 à 45 kil., compris équerres et boulons............ 5650 k., id. $\dfrac{5650}{180} = 31^k61$

90 petites solives en I de 0^m08 à 7 k., compris équerres et boulons.............. 1010 k., id. $\dfrac{1010}{180} = 5^k61$

Carillons de 12 %.. 620 k.; id. $\dfrac{620}{180} = 3^k44$

Poids total du mètre superficiel : 62^k93

Conclusion. — De la comparaison des deux systèmes, il ressort en faveur de la double poutre à contre-fiches (planche 6) une économie de 12^k90 par mètre ou 17,30 0/0.

Il y aura donc grand intérêt d'en faire l'application toutes les fois, comme nous l'avons observé, que rien dans l'ensemble des distributions ne sera de nature à y faire obstacle.

— 106 —

Planchers de 10m35 d'ouverture avec voûtes en briques.

§ 81. L'emploi de voûtes en briques est préférable au hourdage en plâtre pour la construction d'usines ou de magasins dans lesquels un plafond droit n'est pas nécessaire. Les détails que nous donnons planche 7 sont la reproduction des planchers que nous avons construit pour une usine de 21m20 de largeur, divisée en deux travées de 10m35, séparées par un mur de 0m50.

La charge admise par mètre carré se décompose de la manière suivante :

Poids permanent { Fer composé des poutres et solives. 70 kil.
Voûtes en briques, remplissage et carrelage............. 220 kil.
Surcharge accidentelle.......... 160 kil.

Total par mètre carré... 450 kil.

Poutres. — Les poutres étant espacées de 4m25 d'axe en axe, chacune d'elles supporte une surface de plancher de
$$10^m35 \times 4^m25 = 43^m98,$$
et un poids uniformément réparti de $43^m98 \times 450$ kil.$=19791$ k.,
soit par mètre de longueur $p = \dfrac{19791}{10^m35} = 1912$ k.

La formule (§ 1er, n° 9) $\dfrac{pL^2}{8} = R \times \dfrac{I}{n}$ nous donne

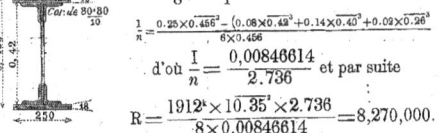

$R = \dfrac{pL}{8} \times \dfrac{n}{I}$ dans laquelle $L = 10^m35$ et
$$\dfrac{I}{n} = \dfrac{0.25 \times \overline{0.456}^2 - (0.08 \times \overline{0.42}^3 + 0.14 \times \overline{0.40}^3 + 0.02 \times \overline{0.26}^3)}{6 \times 0.456}$$

d'où $\dfrac{I}{n} = \dfrac{0,00846614}{2.736}$ et par suite

$$R = \dfrac{1912^k \times 10.\overline{35}^2 \times 2.736}{8 \times 0,00846614} = 8,270,000.$$

$a = 0^m25 \quad b = 0.46$
$2a' = 0.08 \quad b' = 0.42$
$2a'' = 0.14 \quad b'' = 0.40$
$2a''' = 0.02 \quad b''' = 0.26$

La poutre travaille donc à 8^k27 par millimètre carré.

Solives.— La distance de 4m25 d'axe en axe des poutres peut être réduite à 4m20 pour les solives, par suite de l'appui qu'elles trouvent sur les cornières de la poutre. Leur écartement étant de 0m74, la surface de plancher correspondant à chacune d'elles sera de $4^m20 \times 0^m74 = 3^{mc}10$, et la charge de
$3^m10 \times 450 = 1395$ k., soit par mètre $p = \dfrac{1395^k}{4.20} = 332$ kilog.

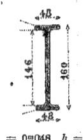

La section étant celle du double I de 0^{m}16 ordinaire, nous avons

$$\frac{I}{n} = \frac{0.048 \times \overline{0,16}^3 - 0.04 \times \overline{0.146}^3}{6 \times 0.16}$$

$a = 0^m048 \quad b = 0^m160$
$2a' = 0.04 \quad b' = 0.146$

soit $\dfrac{I}{n} = \dfrac{0,000.072.121}{9.96}$ et par suite

$$R = \frac{332^k \times \overline{4.20}^2 \times 0.96}{8 \times 0,000.072.121} = 9,740,000$$

Les solives travaillent donc à 9^{k}74 par millim. carré.

Points d'appui des poutres. — Chaque point d'appui supporte $\dfrac{19791^k}{2}$ 9895^k. La surface du fer étant de $0.35 \times 0.25 = 875$ centimètres carrés, la pression exercée sur la pierre est de

$$\frac{9895^k}{875} = 11^k 30.$$

POIDS DE LA TRAVÉE DE 10^{m}35
SUR 4^{m}25, PRODUISANT UNE SURFACE DE 43^{mc}98.

Poutre en tôle,...... 1900^k, soit par mètre $\dfrac{1900^k}{43^m98} = 43^k20$

Solives, équerres, etc. 1140^k, id. $\dfrac{1140^k}{43.98} = 25^k90$

Poids total par mètre superficiel : $\overline{69^k10}$

---

§ 82. Lorsque les marchandises renfermées dans une usine ou dans un magasin ne sont pas trop fragiles, les planchers se construisent sans hourdage; les fers restent alors tous apparents et reçoivent un parquet en bois. *Même planche sans hourdage.*

Pour mieux faire ressortir l'économie de dépense qui résulte de cette disposition, nous ferons la comparaison sur un plancher de mêmes dimensions que le précédent, c'est-à-dire composé de travées de 10^{m}35 d'ouverture et de 4^{m}25 de largeur. Les détails d'exécution sont figurés planche 8.

La charge par mètre superficiel, réduite à 250 kilogr., se décompose de la manière suivante :

— 108 —

Poids permanents	Fer.	36 kilog.
	Plancher en bois.	34 »
	Surcharge accidentelle. . . .	180 »
	Total.	250 kilog.

1° *Poutres* A. — Les poutres A sont soumises à deux efforts distincts :

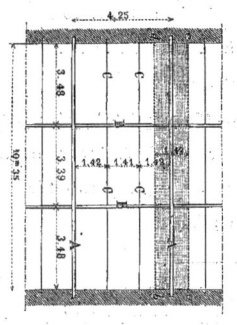

1° A une charge uniformément répartie, transmise par les petites solives en bois, placées transversalement aux solives C, et correspondant à la surface du plancher $abcd$ égale à

$$10^m 35 \times 1^m 42 = 14^{mc} 84,$$

et à un poids de

$$14^m 84 \times 250^k = 3710^k,$$

soit par mètre courant

$$p = 358^k 40;$$

2° A une charge P due aux poutres B agissant aux points X distants des appuis de $3^m 48$, les poutres B supportent chacune une surface de plancher égale à

$$(1^m 41 + 1^m 42) \times \frac{3.39 + 3.48}{2} = 9^m 72,$$ correspondant à un

poids $P = 9.72 \times 250 \text{ k.} = 2430 \text{ k.}$

Nous aurons donc (§ 1er formules 9 et 15) :

$$Pl + \frac{pL^2}{8} = R\frac{I}{n}, \text{ formule dans laquelle}$$

$P = 2430^k$, $l = 3^m 48$, $p = 358.40$, $L = 10^m 35$ et

$$\frac{I}{n} = \frac{0.16 \times 0.504^3 - (0.04 \times 0.48^3 + 0.104 \times 0.464^3 + 0.016 \times 0.3^3)}{6 \times 0.504}$$

$$\frac{I}{n} = \frac{0,004\ 924.479}{3.024}, \text{ et par suite}$$

$$R = \frac{2430 \times 3.48 + \frac{359.40 \times 10.35^2}{8}}{0.004.924.479} = 8,040.000.$$

$n = 0^m 16\ \ b = 0^m 504$
$2n' = 0.04\ \ b' = 0.48$
$2n'' = 0.104\ \ b'' = 0.464$
$2n''' = 0.016\ \ b''' = 0.36$

La poutre A travaille donc à $8^k 04$ par millimètre carré.

2° *Poutres* B. — Nous avons vu précédemment que la surface de plancher supportée par une poutre B était de $9^{mc}72$ et la charge correspondante de 2430 kilog. Elle agit sur la poutre B' en deux poids égaux de 1215 kilog. placés aux points X' distants des appuis de 1^m42.

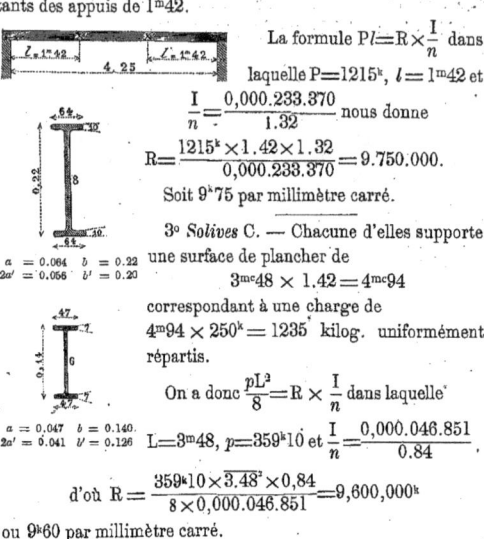

La formule $Pl = R \times \dfrac{I}{n}$ dans laquelle $P = 1215^k$, $l = 1^m42$ et
$$\dfrac{I}{n} = \dfrac{0,000.233.370}{1.32}$$ nous donne
$$R = \dfrac{1215^k \times 1.42 \times 1.32}{0,000.233.370} = 9.750.000.$$
Soit 9^k75 par millimètre carré.

3° *Solives* C. — Chacune d'elles supporte une surface de plancher de
$$3^{mc}48 \times 1.42 = 4^{mc}94$$
correspondant à une charge de
$$4^m94 \times 250^k = 1235 \text{ kilog.}$$ uniformément répartis.

On a donc $\dfrac{pL^2}{8} = R \times \dfrac{I}{n}$ dans laquelle
$L = 3^m48$, $p = 359^k10$ et $\dfrac{I}{n} = \dfrac{0,000.046.851}{0.84}$.

d'où $R = \dfrac{359^k10 \times \overline{3.48}^2 \times 0,84}{8 \times 0,000.046.851} = 9,600,000^k$

ou 9^k60 par millimètre carré.

POIDS DE LA TRAVÉE DE 10^m35 SUR 4^m25 PRODUISANT UNE SURFACE DE $43^{mc}98$.

A. Poutre en tôle paroi évidée.......... 1025^k par mètre $\dfrac{1025^k}{43^m98} = 23^k30$

2 Poutres B en fer à double T, compris goussets d'assemblages.... 241^k id. $\dfrac{241^k}{43^m98} = 5^k48$

6 Solives C en fer à double T, compris équerres et boulons... 333^k id. $\dfrac{333^k}{43^m98} = 7^k57$

Poids total par mètre carré............ 36^k35

De cette comparaison il ressort que la suppression du hourdage produit une économie, dans le poids des fers du plancher, de 32^{k}75 par mètre carré, c'est-à-dire près de moitié du poids avec hourdage. Il y aura donc un très-grand intérêt de supprimer cette charge permanente considérable, chaque fois que des considérations spéciales ne s'y opposeront pas.

CHAPITRE V

POITRAILS

§ 83. Les poitrails sont le plus souvent destinés à porter de très-fortes charges qui résultent soit des parties de façades destinées aux devantures de boutiques, soit de la suppression des murs de refend dans la hauteur des rez-de-chaussées, afin d'obtenir de plus vastes intérieurs. *But des poitrails.*

§ 84. On les compose de poutres en tôle, simples ou doubles, offrant une surface horizontale proportionnée à l'épaisseur des constructions qu'ils doivent supporter. Le système le plus répandu consiste à placer à l'écartement déterminé deux ou trois barres de fer à double I, maintenues à distance par des fourrures en fonte, et reliées ensuite par des frettes ajustées à chaud, afin que le refroidissement de cette enveloppe serre les barres les unes sur les autres (pl. 9, fig. 5, 6, 7, 8). *Dispositions es plus usitées.*

§ 84. La combinaison de plusieurs poutres formant un poitrail (pl. 9, fig. 11) offre l'inconvénient d'une mauvaise répartition de la charge, puisque toute la partie du mur située au-dessus de l'intervalle compris entre les nervures n'a pas de point d'appui direct ; qu'elle ne travaille que par la cohésion des matériaux, variable entre le $1/6^e$ et le $1/12^e$ de la résistance de ces mêmes matériaux à la compression. *Inconvénient d'un poitrail formé de plusieurs poutres.*

Le remplissage de brique ou de moellon fait entre les barres et dans leur hauteur, ne présente pas de meilleures conditions, car la saillie des nervures inférieures qui lui sert de point d'appui, est complétement insuffisante pour empêcher ce remplissage de se comprimer, de se fendre et d'éviter les tassements du mur.

Les poitrails en fer à double I, bien qu'ils soient les plus usités, ne nous paraissent pas satisfaire, au même degré que les poutres en tôle, à un emploi complétement rationnel du fer, en ce sens que l'assemblage par frettes et fourrures n'établit pas entre les barres une solidarité de résistance aussi complète, que celle qui résulte d'une seule poutre.

Moyens d'y remédier.

§ 86. Aussi pour les façades conseillons-nous l'emploi de poitrails composés d'une poutre unique (pl. 9, fig. 4), car ce système n'a pas les inconvénients que nous venons de signaler, soit comme répartition de la charge d'écrasement, soit comme emploi rationnel du fer.

L'application de plusieurs poutres accouplées exigerait pour répartir la charge sur la plus grande surface possible que l'on recouvrît la partie supérieure d'une bande de fer rivée aux nervures (pl. 9, fig. 6 bis et 15).

Pour les murs de refends, la nécessité de passer les coffres des cheminées du rez-de-chaussée, oblige à l'emploi de poitrails composés de deux poutres laissant entre leurs nervures intérieures l'espace nécessaire à ces coffres (pl. 9, fig. 7 et 8). Il doit être possible, ce nous semble, de déterminer à l'avance l'emplacement de ces cheminées, car alors la surface supérieure de deux poutres pourrait être recouverte d'une bande de fer analogue à celle que nous indiquions plus haut, avec cette différence qu'elle serait interrompue au passage de chaque cheminée. Si ce moyen laisse à désirer au point de vue de l'emploi du fer, il conserve cependant l'avantage de répartir le point d'appui du mur sur le maximum de surface.

Charges moyennes qu'ils supportent en façade.

§ 87. Les hauteurs réglementaires adoptées à Paris permettent d'apprécier que les façades en pierre tendre, en moellons ou en briques, élevées à la hauteur maximum sur 0,50 d'épaisseur, chargées en outre des planchers et combles, produisent, au niveau du premier étage, une charge d'environ 25,000 kilog. par mètre courant, soit une compression de 5 kilog. par centimètre carré.

§ 88. La charge à laquelle sont soumis les poitrails présente d'ailleurs une variété infinie de cas qui ne peuvent être prévus à l'avance, à l'exception d'un seul, celui où elle est uniformément répartie. Pour tous les autres, il faut déterminer la position de chaque portion de mur à supporter, en fixer le poids, puis appliquer les formules indiquées précédemment.

<small>Calcul des poitrails.</small>

Sous l'action d'une charge uniformément répartie, il se présente une objection sur la manière de l'apprécier. On ne peut, en effet, considérer un mur comme une masse liquide, puisque les maçonneries forment, par leur cohésion, une masse solide, capable, dans une certaine mesure, de se tenir par elle-même. Il suit de là que, pour tenir compte de cette résistance, le coëfficient de sécurité que nous avons indiqué § 2e, pourrait être porté à 10 kilog. pour les applications de charges uniformément réparties, alors que, pour les trumeaux reposant en un point quelconque des poitrails, on conserverait le coëfficient de 6 kil. L'application de ces coëfficients paraîtra peut-être offrir trop de sécurité ; mais il faut tenir compte qu'en dehors de la charge directe, les poitrails utilisés comme chaînages entre les piles et colonnes qui les supportent, sont par ce fait soumis à des efforts dont il est difficile de se rendre compte.

§ 89. Les barres en fer à double I, formant un poitrail. (pl. 9, fig. 5 et 6) sont, comme nous l'avons dit, reliées entre elles par des frettes en fer forgées, posées à chaud de manière à produire un serrage énergique ; elles se placent de mètre en mètre environ, et elles doivent être disposées pour qu'il s'en trouve une près de l'arête intérieure de chaque point d'appui. L'écartement des barres se maintient de différentes manières, soit par des fourrures en fer à double T, soit par des châssis en fonte. Ces derniers (fig. 9 et 10), faits suivant le profil du fer, sont de beaucoup préférables pour la bonne exécution de pièces soumises à de fortes charges. — On se contente quelquefois de relier les barres par des boulons ; ce système, qui ne s'oppose

<small>Poitrails avec poutres en fer à double T.</small>

en rien au déversement et à la torsion des poutres, doit être, à notre avis, complétement abandonné.

Nous avons indiqué (§ 86) les dispositions à prendre pour répartir la charge d'écrasement des murs sur la plus grande surface possible. Comme complément de ces modifications, il est utile de placer dans la longueur des points d'appui et sur toute la largeur des piles, de fortes plaques de tôle, qui sont d'autant plus utiles, que très-souvent la longueur de ces points d'appuis est fort restreinte.

Nous avons indiqué, figures 7 et 8, la disposition empruntée au grand hôtel boulevart des Capucines, à Paris, du chaînage de plusieurs poitrails reposant sur une même pile.

Poitrails avec poutres doubles en tôle.

§ 90. Les détails qui précèdent s'appliquent également au poitrail composé de deux poutres en tôle (pl. 9, fig. 11), avec cette seule différence que l'âme verticale pouvant être consolidée par des nervures en cornières, les frettes et fourrures en fonte sont remplacées par des plaques supérieures et inférieures rivées aux nervures des poutres, et disposées de façon, qu'elles laissent les vides nécessaires au passage des coffres de cheminées. Indépendamment d'un emploi de métal plus rationnel et plus économique, car les frettes et fourrures n'augmentent en rien la résistance de ces pièces, les poutres en tôle offrent une résistance horizontale plus considérable que les fers à double T, résistance qui s'oppose au déversement que les colonnes pourraient prendre.

Poutres simples en tôle formant poitrails.

§ 91. Les poutres simples (pl. 9, fig. 1, 2, 3, 4), en forme de double I de tôles et cornières, doivent être armées de montants et d'écoinsons en tôle qui les empêchent de se déverser ; la distance et la force de ces nervures devant toujours être proportionnée à la largeur et à l'épaisseur de la tôle supérieure, afin d'en empêcher le voilement. — Ces précautions prises, nous ne pouvons que rappeler nos observations du § 86, et recommander comme bien préférable à toute autre combinaison l'emploi des poutres simples.

Caissons.

§ 92. La forme en caisson (pl. 9, fig. 12, 13 et 14) peut être encore utilement employée comme poitrails supportant des murs sans cheminées. D'une construction plus difficile que la poutre simple, elle nous paraît cependant devoir trouver sa place dans la construction des bâtiments.

§ 93. Les poutres à bracons pour planchers, décrites § 80 et détaillées planche 6, ont reçu comme poitrails plusieurs applications, entre autres, au grand hôtel boulevard des Capucines, à Paris. *Poitrails formés de poutres à bracons.*

Lorsque, par exemple, des distributions à faire au rez-de-chaussée, ou à un étage quelconque, exigent dans les murs de très-grandes ouvertures sans points d'appuis, on peut recourir aux poutres à bracons, qui, noyées dans la hauteur de l'étage supérieur, présentent des dimensions capables de porter avec sécurité des charges considérables.

CHAPITRE VI

NOTICE

SUR LES

COLONNES EN FER ET FONTE

§ 94. Le mémoire de M. Love *sur les résistances du fer et de la fonte*, publié en 1852, contient, sur la résistance de ces métaux par compression sous forme de colonnes ou piliers, les détails d'un très-grand nombre d'expériences dont cet habile ingénieur s'est servi pour donner de nouvelles formules, qui offrent cet avantage d'être générales, c'est-à-dire de s'appliquer à des colonnes de toutes dimensions.

Mémoire de M. Love.

§ 95. Voici les données les plus essentielles que nous extrayons de ce mémoire :

1° Dans des colonnes longues de même dimension, la résistance à la rupture est environ trois fois plus grande lorsque ses extrémités sont planes et solidement assises, que lorsqu'elles sont rondes et capables de tourner ;

Influence du mode de fixation des colonnes sur la résistance.

2° La résistance d'une colonne dont une extrémité est plane et l'autre arrondie, est une moyenne arithmétique entre celle d'une colonne à extrémités arrondies et celle d'une colonne à extrémités planes. Ainsi, dans trois colonnes de même hauteur, la première ayant ses extrémités rondes, la seconde une extrémité ronde et l'autre plate, la troisième ayant ses deux extrémités plates, les résistances sont entre elles comme 1, 2 et 3 approximativement ;

3° Une colonne dont une extrémité est parfaitement fixée et l'autre susceptible de prendre un mouvement, comme dans le cas où elle est arrondie, se rompt au tiers de la longueur à partir de l'extrémité ronde. Ce sera donc une bonne disposition que de renforcer une telle colonne dans la partie où la rupture tend à s'effectuer ;

4° Une colonne fixée irrégulièrement, de telle sorte que la pression se transmette diagonalement comme dans la figure ci-contre, perd les deux tiers de sa résistance.

Influence de la forme des colonnes sur la résistance.

§ 96. 1° Les colonnes pleines à section circulaire, à extrémités planes ou arrondies, ne gagnent que un huitième à un septième en résistance, lorsqu'on augmente graduellement leur diamètre des extrémités au milieu de la longueur ;

2° Les colonnes creuses à section circulaire, renflées vers leur milieu ou vers une extrémité, ne résistent pas plus que celles de même poids et uniformément cylindriques ;

3° Une colonne creuse à section circulaire ayant une extrémité arrondie, gagne en résistance en la renforçant au tiers de sa longueur à partir de l'extrémité arrondie ;

4° La résistance d'une colonne ayant en section la forme d'une bielle de machine à vapeur n'est pas la moitié de celle que présenterait la même quantité de métal sous la forme d'une colonne creuse uniformément cylindrique ; le rapport trouvé dans les expériences étant de 17,578 à 39,645.

Il n'existe pas d'expériences sur les formes en double T, en + croix, mais il est permis de penser, d'après l'exemple qui précède, que ces formes sont de beaucoup inférieures à la forme cylindrique.

Formules pour calculer la section des colonnes.

§ 97. Formules de la résistance des colonnes pleines en fonte et en fer à bases planes et perpendiculaires à l'axe.

1° Résistance des colonnes en fonte pour les hauteurs comprises entre 4 fois et 120 fois le diamètre.

$$R = \frac{C}{1,45 + 0,00337 \left(\frac{L}{D}\right)^2} \quad \dots \dots \dots \dots (1)$$

2° Résistance des colonnes en fer pour les hauteurs comprises entre 40 fois et 180 fois leur diamètre.

$$R = \frac{C}{1.55 + 0{,}0005 \left(\frac{L}{D}\right)^2} \cdots \cdots \cdots \cdots (2)$$

Dans toutes les formules qui précèdent :

C représente le produit de la section par la résistance maximum à la compression par centimètre carré du fer ou de la fonte dont on dispose.

L indique la longueur de la colonne et D son diamètre.

COLONNES CREUSES CYLINDRIQUES.

Des expériences faites sur les colonnes creuses en fer ou en fonte, M. Love conclut que :

La résistance d'une colonne creuse cylindrique est égale à la différence des résistances de deux colonnes pleines ayant pour diamètres, la première le diamètre extérieur, la seconde le diamètre intérieur de la colonne creuse proposée.

§ 98. Si l'on applique ces formules, qui ont, ainsi que l'a démontré M. Love, la sanction de l'expérience : *Application des formules de M. Love.*

1° A deux séries de colonnes pleines de un centimètre carré de section, la première en fonte présentant une résistance à la rupture par compression de 7,500 kilog. par centimètre carré, la seconde en fer offrant une résistance de 3,600 kilog., on trouve les chiffres mentionnés aux colonnes n°ˢ 1 et 4 du tableau n° 99 ci-après ;

2° A deux séries de colonnes creuses en fonte et en fer présentant les mêmes coëfficients de rupture, et ayant chacune deux centimètres carrés de section, dont un centimètre de vide et un centimètre de plein, on trouve les résultats mentionnés aux colonnes 2 et 5 du même tableau.

TABLEAU N° 99.

Charges par centimètre carré, capables de rompre des colonnes à sections cylindriques pleines et creuses, pour les hauteurs comprises entre 5 et 50 fois le diamètre.

RAPPORT de la longueur de la pièce à la plus petite dimension transversale.	COLONNES EN FONTE.			COLONNES EN FER.		
	N° 1 PLEINES	N° 2 CREUSES	N° 3 Rapport entre les colonnes creuses et les colonnes pleines.	N° 4 PLEINES	N° 5 CREUSES	N° 6 Rapport entre les colonnes creuses et les colonnes pleines.
	KILOS.	KILOS.		KILOS.	KILOS.	
Au-dessous de 5	7500	7500	» »»	3600	3600	» »»
10	4195	4831	1 15	2250	2317	1 03
11	4038	4756	1 17	2236	2317	1 03
12	3875	4641	1 19	2219	2311	1 04
13	3714	4519	1 21	2203	2310	1 04
14	3554	4399	1 23	2184	2307	1 05
15	3399	4268	1 25	2166	2303	1 06
16	3244	4123	1 27	2145	2296	1 07
17	3093	3975	1 28	2125	2292	1 08
18	2951	3833	1 29	2102	2281	1 08
19	2812	3686	1 30	2080	2275	1 09
20	2680	3539	1 32	2056	2264	1 10
21	2554	3412	1 33	2033	2258	1 11
22	2433	3274	1 34	2009	2241	1 11
23	2320	3143	1 35	1984	2236	1 12
24	2211	3013	1 36	1958	2222	1 13
25	2108	2889	1 37	1933	2210	1 14
26	2012	2772	1 37	1906	2193	1 15
27	1920	2662	1 38	1880	2180	1 16
28	1832	2550	1 39	1853	2164	1 17
29	1750	2446	1 39	1827	2148	1 17
30	1672	2342	1 40	1800	2127	1 18
31	1599	2251	1 40	1773	2112	1 19
32	1530	2161	1 41	1746	2092	1 20
33	1464	2076	1 41	1719	2075	1 20
34	1402	1993	1 42	1691	2052	1 21
35	1344	1916	1 42	1665	2033	1 22
36	1289	1842	1 43	1638	2011	1 22
37	1236	1789	1 44	1611	1988	1 23
38	1187	1720	1 44	1583	1963	1 24
39	1141	1640	1 44	1558	1943	1 24
40	1095	1576	1 44	1532	1920	1 25
41	1053	1520	1 44	1510	1907	1 26
42	1013	1464	1 44	1480	1874	1 26
43	976	1410	1 45	1455	1847	1 27
44	940	1363	1 45	1429	1825	1 27
45	906	1315	1 45	1405	1802	1 28
46	873	1269	1 45	1380	1777	1 28
47	842	1226	1 45	1356	1755	1 29
48	814	1187	1 45	1332	1731	1 30
49	786	1147	1 46	1309	1707	1 30
50	759	1109	1 46	1289	1690	1 31

§ 100. De l'examen du tableau qui précède, il résulte :   Observations sur le Tableau n° 99.

1° Que la résistance des colonnes pleines en fer est inférieure à celle des colonnes en fonte, tant que le rapport de la hauteur au diamètre est inférieur à 28; au-delà l'avantage est du côté des colonnes en fer. Pour les colonnes creuses, la fonte est plus résistante jusqu'au rapport $\frac{L}{D} = 33$; au-delà, les colonnes en fer offrent plus de solidité ;

2° On voit que les colonnes creuses présentent à section égale plus de résistance que les colonnes pleines, et de plus le rapport de la résistance des colonnes creuses à celle des colonnes pleines va en augmentant à mesure que le rapport de la longueur au diamètre augmente lui-même. Le premier de ces faits peut s'expliquer par le mode même de fabrication de ces pièces. En effet, lorsque l'on coule une colonne pleine, le centre se refroidit moins vite que la surface ; il en résulte que la colonne est composée de couches concentriques dont la dureté et par conséquent la résistance diminuent de la circonférence au centre. On comprend alors facilement qu'une colonne d'une épaisseur relativement faible et qui offre, par ses deux surfaces intérieure et extérieure, un refroidissement beaucoup plus régulier, présente plus de résistance qu'une colonne pleine de même section.

Cette différence a du reste été remarquée d'une manière très-sensible sur des fontes servant de voussoirs et en général dans l'emploi de pièces en fonte de très-grandes épaisseurs. La même remarque s'appliquerait au fer, mais à un degré beaucoup moindre comme on le voit en comparant les colonnes n° 3 et n° 6 (tableau n° 99). Quant à l'augmentation successive des rapports inscrits dans le même tableau, elle résulte de la formule même qui sert à calculer les charges inscrites aux colonnes n° 1 et n° 2.

En effet, appelons A—R la résistance d'une colonne creuse de un centimètre de section, A étant celle d'une colonne pleine de deux centimètres et R celle d'une autre colonne pleine de un centimètre formant le noyau de la première ; soit maintenant D le diamètre du noyau et D' le diamètre extérieur de la colonne creuse :

Nous aurons : $\dfrac{\pi D'^2}{4} = 2$ ⎱

$\dfrac{\pi D^2}{4} = 1$ ⎰

D'où l'on tire : $D'^2 = 2 D^2$

Et par conséquent, pour une même section de un centimètre, nous avons les résistances suivantes :

Colonne creuse :

$$A - R = \dfrac{2C}{1.45 + \frac{1}{2} \times 0{,}00337 \left(\frac{L}{D}\right)^2} - \dfrac{C}{1.45 + 0{,}00337 \left(\frac{L}{D}\right)^2}$$

Colonne pleine : $R = \dfrac{C}{1.45 + 0{,}00337 \left(\frac{L}{D}\right)^2}$

On en déduit le rapport de la première à la seconde :

$$\dfrac{A - R}{R} = \dfrac{2.90 + 0{,}00674 \left(\frac{L}{D}\right)^2}{1.45 + 0{,}001885 \left(\frac{L}{D}\right)^2}$$

Rapport qui augmente à mesure que $\frac{L}{D}$ augmente.

<small>Charges pratiques à faire supporter aux colonnes pleines et creuses.</small> § 101. Comme en pratique on ne doit faire porter aux colonnes que le $\frac{1}{6}$ environ de la charge de rupture, nous avons déduit des résultats inscrits au tableau n° 99, le tableau n° 102, donnant les charges que l'on peut faire porter avec sécurité aux colonnes en fer et en fonte.

TABLEAU N° 102.

Charges par centimètre carré, que l'on peut faire supporter avec sécurité aux colonnes à sections cylindriques pleines et creuses, pour les hauteurs comprises entre 5 et 50 fois le diamètre.

RAPPORT de la longueur de la pièce à la plus petite dimension transversale.	COLONNES EN FONTE.		COLONNES EN FER.	
	PLEINES	CREUSES	PLEINES	CREUSES
	KILOS.	KILOS.	KILOS.	KILOS.
Au-dessous de 5	1250	1250	600	600
DE 10 A 19 — 10	699	808	375	386
11	673	792	372	386
12	646	773	369	385
13	619	753	367	385
14	592	733	364	384
15	566	711	361	383
16	540	687	357	382
17	513	662	354	382
18	492	638	350	380
19	468	614	346	379
DE 20 A 29 — 20	446	589	342	377
21	425	568	338	376
22	405	545	334	373
23	386	524	330	372
24	368	502	326	370
25	351	481	322	368
26	335	462	317	365
27	320	443	313	363
28	305	425	308	360
29	291	407	304	358
DE 30 A 39 — 30	278	390	300	354
31	266	375	295	352
32	255	360	291	348
33	244	346	286	345
34	233	332	282	342
35	224	319	277	338
36	214	307	273	335
37	206	298	268	331
38	198	286	264	327
39	190	273	259	323
DE 40 A 50 — 40	182	262	255	320
41	175	253	251	316
42	168	244	246	312
43	162	235	242	307
44	156	227	238	304
45	151	219	234	300
46	145	211	230	296
47	140	204	226	292
48	135	198	222	288
49	131	191	218	284
50	126	185	214	281

TABLEAU N° 103.

Des dimensions des COLONNES PLEINES *en fonte et en fer et des charges qu'on peut leur faire supporter avec sécurité.*

Diamètres en centimètres.	Hauteurs en centimètres.	Raport $\frac{L}{D}$	Sections des colonnes en centimètres.	Charges par centimètre carré		Charges totales des colonnes.	
				Fonte	Fer	Fonte	Fer
						KILOS.	KILOS.
6°	200	33	28c,27	244	286	6808	8085
	225	37	»	206	268	5823	7576
	250	41	»	175	251	4947	7095
	275	45	»	151	234	4268	6615
	300	50	»	126	214	3563	6049
	325	54	»	110	200	3109	5654
	350	58	»	97	191	2742	5400
8°	200	25	50c,26	351	»	17641	»
	225	28	»	305	»	15320	»
	250	31	»	266	295	13369	14826
	275	34	»	233	282	11710	14175
	300	37	»	206	268	10353	13469
	325	40	»	182	255	9147	12816
	350	43	»	162	242	8142	12162
	375	47	»	140	226	7036	11358
	400	50	«	126	214	6332	10755
10°	250	25	78c,54	351	»	27567	»
	275	27	»	320	»	25132	»
	300	30	»	278	300	21834	23562
	325	32	»	255	294	20027	22855
	350	35	»	224	277	17592	21735
	375	37	»	206	268	16179	21048
	400	40	»	182	255	14294	20027
	425	42	»	168	246	13194	19320
	450	45	»	151	234	11859	18378
	475	47	»	140	226	10993	17750
	500	50	»	126	214	9896	16807
12°	300	25	113c,09	351	»	39694	»
	325	27	»	320	»	36188	»
	350	29	»	291	»	32909	»
	375	31	»	266	295	30081	33361
	400	33	»	244	286	27593	32343
	425	35	»	224	277	25332	31325
	450	37	»	206	268	23296	30308
	475	39	»	190	259	21487	29290
	500	41	»	175	251	19790	28385
	525	43	»	162	242	18320	27367
	550	45	»	151	234	17076	26463
	575	48	»	135	222	15267	25105
	600	50	»	126	214	14249	24201

Suite du Tableau n° 103.

Diamètres en centimètres.	Hauteurs en centimètres.	Rapport $\frac{L}{D}$	Sections des colonnes en centimètres.	Charges par centimètre carré		Charges totales des colonnes.	
				Fonte	Fer	Fonte	Fer
						KILOS.	KILOS.
14°	350	25	153°,93	351	»	54029	»
	375	26	»	335	»	51566	»
	400	28	»	305	»	46948	»
	425	30	»	278	300	42792	46179
	450	32	»	255	291	39252	44793
	475	34	»	233	282	35865	43408
	500	35	»	224	277	34480	42638
	525	37	»	206	268	31709	41253
	550	39	»	190	259	29246	39866
	575	41	»	175	251	26937	38636
	600	43	»	162	242	24936	37251
	625	44	»	156	238	24013	36635
	650	46	»	145	230	22319	35403
	675	48	»	135	222	20780	34172
	700	50	»	126	214	19395	32941
15°	350	23	173°,71	386	»	67032	»
	375	25	»	351	»	60972	»
	400	26	»	335	»	58192	»
	425	28	»	305	»	52981	»
	450	30	»	278	300	48291	52113
	475	31	»	266	295	46206	51244
	500	33	»	244	286	42385	49681
	525	35	»	224	277	38911	48117
	550	36	»	214	273	37173	47422
	575	38	»	198	264	34394	45859
	600	40	»	182	255	31615	44296
	625	41	»	175	251	30399	43601
	650	43	»	162	242	28141	42037
	675	45	»	151	234	26230	40648
	700	46	»	145	230	25187	39953
	725	48	»	135	222	23450	38563
	750	50	»	126	214	21887	37173
16°	350	21	201°,06	425	»	85450	»
	375	23	»	386	»	77609	»
	400	25	»	351	»	70572	»
	425	26	»	335	»	67355	»
	450	28	»	305	»	61323	»
	475	29	»	291	»	58508	»
	500	31	»	266	295	53481	59312
	525	32	»	255	291	51270	58508
	550	34	»	233	282	46846	56698
	575	36	»	214	273	43026	54889
	600	37	»	206	268	41418	53884
	625	39	»	190	259	38201	52074
	650	40	»	182	255	36592	51270
	675	42	»	168	246	33778	49460
	700	43	»	162	242	32571	48656
	725	45	»	151	234	30360	47048
	750	46	»	145	230	29153	46243
	775	48	»	135	222	27143	44635
	800	50	»	126	214	25333	43026

Suite du Tableau n° 103.

Diamètres en centimètres.	Hauteurs en centimètres.	Rapport $\frac{L}{D}$	Sections des colonnes en centimètres.	Charges par centimètre carré		Charges totales des colonnes.	
				Fonte	Fer	Fonte	Fer
						KILOS.	KILOS.
18c	400	22	254c,46	405	»	103052	»
	425	23	»	386	»	98218	»
	450	25	»	351	»	89312	»
	475	26	»	335	»	85241	»
	500	27	»	320	»	81424	»
	525	29	»	291	»	74045	»
	550	30	»	278	300	70737	76325
	575	31	»	266	298	67684	75063
	600	32	»	255	291	64885	74045
	625	34	»	233	282	59287	71755
	650	36	»	214	273	54482	69468
	675	37	»	206	268	52417	68193
	700	38	»	198	264	50381	67173
	725	40	»	182	255	46310	64885
	750	41	»	175	251	44529	63867
	775	43	»	162	242	41321	61577
	800	44	»	156	238	39694	60559
	825	45	»	151	234	38422	59541
	850	47	»	140	226	35623	57506
	875	48	»	135	222	34351	56488
	900	50	»	126	214	32061	54452
20c	400	20	314c,15	446	»	140111	»
	425	21	»	425	»	133514	»
	450	22	»	405	»	127284	»
	475	23	»	386	»	121262	»
	500	25	»	351	»	110267	»
	525	26	»	335	»	105240	»
	550	27	»	320	»	100528	»
	575	28	»	305	»	95816	»
	600	30	»	278	300	87334	94245
	625	31	»	266	295	83564	92674
	650	32	»	255	291	80108	91418
	675	33	»	244	286	76653	89887
	700	35	»	224	277	70370	87050
	725	36	»	214	273	67228	85763
	750	37	»	206	268	64715	84196
	775	38	»	198	264	62201	82936
	800	40	»	182	255	57175	80108
	825	41	»	175	251	54976	78832
	850	42	»	168	246	52777	77281
	875	43	»	162	242	50892	76024
	900	45	»	151	234	47437	73511
	925	46	»	145	230	45552	72255
	950	47	»	140	226	43981	70998
	975	48	»	135	222	42410	69741
	1000	50	»	126	214	39583	67228

Suite et fin du Tableau n° 103.

Diamètres en centimètres.	Hauteurs en centimètres.	Rapport $\frac{L}{D}$	Section des colonnes en centimètres.	Charges par centimètre carré		Charges totales des colonnes.	
				Fonte	Fer	Fonte	Fer
						KILOS.	KILOS.
22ᶜ	400	18	380ᶜ,13	492	»	187024	»
	425	19	»	468	»	177904	»
	450	20	»	446	»	169338	»
	475	21	»	425	»	161558	»
	500	22	»	405	»	153983	»
	525	23	»	386	»	146730	»
	550	25	»	354	»	133426	»
	575	26	»	335	»	127344	»
	600	27	»	320	»	121642	»
	625	28	»	305	»	115940	»
	650	29	»	291	»	110618	»
	675	30	»,»	278	»	105676	»
	700	31	»	266	»	101115	»
	725	33	»	244	»	92752	»
	750	34	»	233	»	88570	»
	775	35	»	224	»	85149	»
	800	36	»	214	»	81348	»
	825	37	»	206	»	78307	»
	850	38	»	198	»	75266	»
	875	39	»	190	»	72225	»
	900	41	»	175	»	66523	»
	925	42	»	168	»	63861	»
	950	43	»	162	»	61581	»
	975	44	»	156	»	59300	»
	1000	45	»	151	»	57400	»
25ᶜ	450	18	490ᶜ,87	492	»	241508	»
	475	19	»	468	»	229727	»
	500	20	»	446	»	218928	»
	525	21	»	425	»	208620	»
	550	22	»	405	»	198802	»
	575	23	»	386	»	189476	»
	600	24	»	368	»	180640	»
	625	25	»	351	»	172295	»
	650	26	»	335	»	164441	»
	675	27	»	320	»	157078	»
	700	28	»	305	»	149715	»
	725	29	»	291	»	142843	»
	750	30	»	278	»	136462	»
	775	31	»	266	»	130571	»
	800	32	»	255	»	125172	»
	825	33	»	244	»	119772	»
	850	34	»	233	»	114373	»
	875	35	»	224	»	109955	»
	900	36	»	214	»	105046	»
	825	37	»	206	»	101119	»
	850	38	»	198	»	97192	»
	875	39	»	190	»	93265	»
	1000	40	»	182	»	89338	»

TABLEAU N° 104.

Des dimensions des COLONNES CREUSES *en fonte et des charges qu'on peut leur faire supporter avec sécurité.*

Diamètres extérieurs en centimètres.	Épaisseurs des colonnes.	Diamètres intérieurs en centimètres.	Hauteurs en centimètres.	Rapport $\frac{L}{D}$	Sections des colonnes en centimètres.	Charges par centimètre carré.	Charges totales des colonnes.
12c	12%	9c,6	300	25	40,715	481	19584
	»	»	325	27	»	443	18036
	»	»	350	29	»	407	16571
	»	»	375	31	»	373	15268
	14	9c,2	400	33	46.021	346	16190
	»	»	425	35	»	319	14872
	»	»	450	37	»	298	13893
	»	»	475	39	»	273	12727
	15	9c,0	500	42	49,480	244	12073
	»	»	525	44	»	227	11232
	»	»	550	46	»	211	10440
	»	»	575	48	»	198	9797
	»	»	600	50	»	185	9153
14c	12	11c,6	350	25	48,255	481	23211
	»	»	375	27	»	443	21377
	14	11c,2	400	29	53,418	407	22355
	»	»	425	30	»	390	21643
	»	»	450	32	»	360	19950
	»	»	475	34	»	332	18399
	15	11c,0	500	36	58,905	307	18084
	»	»	525	37	»	298	17554
	»	»	550	39	»	273	16081
	»	»	575	41	»	253	14903
	16	10c,8	600	43	62,329	235	14647
	»	»	625	45	»	219	13650
	»	»	650	47	»	204	12715
	»	»	675	48	»	198	12341
	»	»	700	50	»	185	11531
15c	13	12c,4	350	23	55,952	524	29319
	»	»	375	25	»	481	26913
	»	»	400	27	»	443	24787
	»	»	425	28	»	425	23780
	15	12c,0	450	30	63,617	390	24811
	»	»	475	32	»	360	22902
	»	»	500	34	»	332	21121
	»	»	525	35	»	319	20294
	16	11c,8	550	37	67,356	298	20092
	»	»	575	38	»	286	19264
	»	»	600	40	»	262	17647
	»	»	625	42	»	244	16438
	18	11c,4	650	43	74,644	235	17541
	»	»	675	45	»	219	16347
	»	»	700	47	»	204	15227
	»	»	725	48	»	198	14780
	19	11c,2	750	50	78,194	185	14466

(Suite du tableau n° 104).

Diamètres extérieurs en centimètres.	Épaisseurs des colonnes.	Diamètres intérieurs en centimètres.	Hauteurs en centimètres.	Rapport $\frac{L}{D}$	Sections des colonnes en centimètres.	Charges par centimètre carré.	Charges totales des colonnes.
16°	14 ⁷⁄₁₀	13°,2	350	22	64,214	545	34997
	»	»	375	23	»	524	33648
	15	13°,0	400	25	68,330	481	32867
	»	»	425	26	»	462	31568
	»	»	450	28	»	425	29040
	»	»	475	30	»	390	26649
	16	12°,8	500	31	72,382	375	27143
	»	»	525	33	»	346	25044
	»	»	550	34	»	332	24031
	»	»	575	36	»	307	22221
	18	12°,4	600	37	80,300	298	23929
	»	»	625	39	»	273	21922
	»	»	650	40	»	262	21039
	»	»	675	42	»	244	19593
	19	12°,2	700	44	84,163	227	19105
	»	»	725	45	»	219	18432
	»	»	750	47	»	204	17169
	»	»	775	48	»	198	16664
	20	12°,0	800	50	87,965	185	16274
18°	15 ⁹⁄₁₀	15°,0	400	22	77,754	545	42376
	»	»	425	24	»	502	39033
	»	»	450	25	»	481	37400
	»	»	475	26	»	462	35922
	16	14°,8	500	28	82,435	425	35035
	»	»	525	29	»	407	33554
	»	»	550	31	»	375	30913
	»	»	575	32	»	360	29677
	18	14°,4	600	33	91,609	346	31697
	»	»	625	35	»	319	29223
	»	»	650	36	»	307	28124
	»	»	675	38	»	286	26200
	20	14°,0	700	39	100,531	273	27445
	»	»	725	40	»	262	26339
	»	»	750	42	»	244	24530
	»	»	775	43	»	235	23625
	22	13°,6	800	44	109,202	227	24789
	»	»	825	46	»	211	23042
	»	»	850	47	»	204	22277
	»	»	875	49	»	191	20858
	24	13°,2	900	50	117,622	185	21760

Suite du Tableau no 104.

Diamètres extérieurs en centimètres.	Epaisseurs des colonnes.	Diamètres intérieurs en centimètres.	Hauteurs en centimètres.	Rapport $\frac{L}{D}$	Sections des colonnes en centimètres.	Charges par centimètre carré.	Charges totales des colonnes.
20	16 %	17,2	400	20	87,179	589	51348
	»	»	425	21	»	568	49518
	»	»	450	22	»	545	47513
	»	»	475	24	»	502	43764
	16	16,8	500	25	92,489	481	44487
	»	»	525	26	»	462	42730
	»	»	550	28	»	425	39308
	»	»	575	29	»	407	37643
	18	16,4	600	30	102,919	390	40138
	»	»	625	31	»	375	38595
	»	»	650	32	»	360	37051
	»	»	675	34	»	332	34169
	20	16,0	700	35	113,098	319	36078
	»	»	725	36	»	307	34721
	»	»	750	38	»	286	32346
	»	»	775	39	»	273	30876
	22	15,6	800	40	123,025	262	32238
	»	»	825	41	»	253	31129
	»	»	850	42	»	244	30018
	»	»	875	44	»	227	27927
	24	15,2	900	45	132,701	219	29062
	»	»	925	46	»	211	28000
	»	»	950	48	»	198	26275
	»	»	975	49	»	191	25346
	26	14,8	1000	50	142,126	185	26293
22	16 %	18,8	400	18	102,342	638	65422
	»	»	425	19	»	614	62961
	»	»	450	20	»	589	60397
	»	»	475	22	»	545	55853
	17	18,6	500	23	108,417	524	56811
	»	»	525	24	»	502	54425
	»	»	550	25	»	481	52140
	»	»	575	26	»	462	50089
	19	18,2	600	27	119,978	443	53150
	»	»	625	28	»	425	50991
	»	»	650	30	»	390	46791
	»	»	675	31	»	375	44992
	21	17,8	700	32	131,289	360	47264
	»	»	725	33	»	346	45426
	»	»	750	34	»	332	43588
	»	»	775	35	»	319	41881
	23	17,4	800	36	142,346	307	43700
	»	»	825	38	»	286	40711
	»	»	850	39	»	273	38860
	»	»	875	40	»	262	37295
	25	17,0	900	41	153,153	253	38748
	»	»	925	42	»	244	37369
	»	»	950	43	»	235	35991
	»	»	975	44	»	227	34766
	27	16,6	1000	45	163,709	219	35852

(Suite du tableau no 104).

Diamètres extérieurs en centimètres.	Épaisseurs des colonnes.	Diamètres intérieurs en centimètres.	Hauteurs en centimètres.	Rapport $\frac{L}{D}$	Sections des colonnes en centimètres.	Charges par centimètre carré.	Charges totales des colonnes.
25c	16 ⁶⁄₁₀	21c,8	450	18	117,622	628	75043
	»	»	475	19	»	614	72220
	18	21c,4	500	20	131,193	589	77273
	»	»	525	21	»	568	74518
	»	»	550	22	»	545	71500
	»	»	575	23	»	524	68745
	20	21c,0	600	24	144,514	502	72546
	»	»	625	25	»	481	69511
	»	»	650	26	»	462	66765
	»	»	675	27	»	443	64020
	22	20c,6	700	28	157,583	425	66973
	»	»	725	29	»	407	64136
	»	»	750	30	»	390	61457
	»	»	775	31	»	375	59094
	24	20c,2	800	32	170,400	360	61344
	»	»	825	33	»	346	58958
	»	»	850	34	»	332	56573
	»	»	875	35	»	319	54358
	26	19c,8	900	36	182,967	307	56171
	»	»	925	37	»	298	54524
	»	»	950	38	»	286	52329
	»	»	975	39	»	273	49950
	28	19c,4	1000	40	195,282	262	51164
30c	19 ²⁄₁₀	26c,2	500	17	167,780	662	111037
	»	»	525	17 ½	»	650	109025
	»	»	550	18	»	638	107012
	»	»	575	19	»	614	102986
	21	25c,8	600	20	184,066	589	108415
	»	»	625	21	»	568	104550
	»	»	650	22	»	545	100316
	»	»	675	22 ½	»	534	98291
	23	25c,4	700	23	200,151	524	104879
	»	»	725	24	»	502	100476
	»	»	750	25	»	481	96273
	»	»	775	26	»	462	92470
	25	25c,0	800	27	215,985	443	95681
	»	»	825	27 ¾	»	434	93737
	»	»	850	28	»	425	91794
	»	»	875	29	»	407	87905
	27	24c,6	900	30	231,567	398	90311
	»	»	925	31	»	375	86838
	»	»	950	32	»	360	83364
	»	»	975	32 ½	»	353	81743
	29	24c,2	1000	33	246,898	346	85427
	»	»	1025	34	»	332	81970
	»	»	1050	35	»	319	78760
	»	»	1075	36	»	307	75798
	30	24c,0	1100	37	254,470	298	75832

(Suite du tableau n° 104).

Diamètres extérieurs en centimètres.	Épaisseurs des colonnes.	Diamètres intérieurs en centimètres.	Hauteurs en centimètres.	Rapport $\frac{L}{D}$	Sections des colonnes en centimètres.	Charges par centimètre carré.	Charges totales des colonnes.
	21 ¾	30°,8	600	17	217.083	662	143689
	»	»	625	18	»	638	138450
	»	»	650	18 ½	»	626	135875
	»	»	675	19	»	614	133271
	23	30°,4	700	20	236,280	589	139169
	»	»	725	21	»	568	134207
	»	»	750	21 ½	»	556	131372
	»	»	775	22	»	545	128773
	25	30°,0	800	23	255,255	524	133754
	»	»	825	24	»	502	128138
	»	»	850	24 ½	»	491	125330
	»	»	875	25	»	481	122778
35°	27	29°,6	900	26	273,979	462	126378
	»	»	925	26 ½	»	452	123839
	»	»	950	27	»	443	121373
	»	»	975	28	»	425	116441
	29	29°,2	1000	29	292,452	407	119028
	»	»	1025	29 ½	»	393	114934
	»	»	1050	30	»	390	114056
	»	»	1075	30 ½	»	383	112009
	31	28°,8	1100	31	306,141	368	112660
	»	»	1125	32	»	360	110211
	»	»	1150	33	»	346	105928
	»	»	1175	33 ½	»	339	103782
	32	28°,6	1200	34	319,689		

TABLE DES MATIÈRES

1° INTRODUCTION

CHAPITRE PREMIER

	pages
§ 1. Formules d'un usage fréquent....................	5
§ 2. Coëfficients de sécurité applicables aux planchers, poutres et poitrails............................	11
§ 3. Coëfficient d'élasticité applicable au calcul des flèches..	12
§ 4. Expériences par traction directe des tôles et cornières.	12
§ 5. Des fers à double T........................	13
§ 6. Expériences par traction directe des fers à double T..	13, 15
§ 7. Note sur les poids au mètre courant des divers échantillons de fers à double T......................	14
Tableaux n°s 7, 8, 9 : Indicatifs des résistances de tous les fers à double T, aux trois coëfficients de sécurité 6, 8 et 10 kilog .... pages 16, 17, 18, 19, 20, 21	
§ 11. Motifs de la préférence à accorder aux double T poids minimum.............................	22
§ 12. Avantages des doubles T larges ailes...............	23
§ 13. Fer à double T larges ailes de 0m 50 de hauteur.....	23
§ 14. Fers en U renversé.......................	24

CHAPITRE II

PLANCHERS

RÈGLES GÉNÉRALES.

	pages
§ 15. Un poids permanent de 280 kilog. par mètre superficiel est insuffisant............................	29
§ 16. Surcharges accidentelles par mètre superficiel......	30
§ 17. Poids permanents des hourdages les plus généralement employés.................................	31
§ 18. Tableau nº 18, résumant les charges accidentelles et permanentes à adopter en pratique.............	34
§ 19. Cloisons de distributions.......................	33
§ 20. De l'accroissement de résistance dû aux cintre et scellement des solives, ainsi qu'à leur entretoisement et au hourdage...............................	36

PREMIER SYSTÈME DE PLANCHERS AVEC SOLIVES
COMPOSÉES DES FERS A DOUBLE T,
DÉSIGNÉS SOUS LE NOM DE FERS A PLANCHERS.

§ 21. Description de ce système.......................	39
§ 22. Imperfections de ce premier système de planchers...	40
§ 23. Modifications qu'il serait utile d'apporter...........	40
§ 24. Dimensions à donner aux entretoises rigides et aux petites cornières longitudinales.................	42
§ 25. Dépense comparative des chevêtres et carillons avec la nouvelle disposition proposée..................	43
Tableau nº 26. — Classification des hauteurs à donner aux solives, proportionnellement aux longueurs et aux charges par mètre carré.......................	45
Sept tableaux nºˢ 27, 28, 29, 30, 31, 32, 33. — Indicatifs des dimensions et poids des fers des planchers de 2 à 8 m. d'ouverture, chargés de 300 à 600 kil. par mètre carré pages 46, 47, 48, 49, 50, 51, 52, 53, 54, 55, 56, 57, 58, 59	

	pages
§ 34. Manière de se servir des tableaux précédents........	60
§ 35. Motifs d'économie ayant déterminé le choix des hauteurs de solives indiquées aux tableaux précédents.	60
§ 36. Notes sur la longueur des portées et le scellement des solives.......................................	61
§ 37. Proportion à laquelle il convient de réduire la courbure actuellement donnée aux solives...........	61
§ 38. Cas particulier le plus général. — Solives d'enchevêtrures...	62

DEUXIÈME SYSTÈME DE PLANCHERS
AVEC POUTRES PRINCIPALES COMPOSÉES DES FERS
A DOUBLES T, DÉSIGNÉS SOUS LE NOM DE FERS
A LARGES AILES.

§ 39. Description de ce système........................	64
§ 40. Avantages qu'il présente........................	66
§ 41. Divisions des petites solives par rapport aux ouvertures des planchers............................	66
§ 42. Tableau n° 42. — Classification des hauteurs à donner aux solives, proportionnellement aux longueurs et aux charges par mètre carré....................	67
Sept tableaux n°s 43, 44, 45, 46, 47, 48, 49. — Indicatifs des poids et dimensions des fers des planchers de 5 à 8 mètres d'ouverture, chargés de 300 à 600 kilog. par mètre carré....... pages 68, 69, 70, 71, 72, 73, 74	
§ 50. Points d'appuis et courbure des solives............	75
§ 51. Cas particulier. — Solives d'enchevêtrures.........	75

CHAPITRE III

DÉTAILS SUR LA CONSTRUCTION
DES
POUTRES EN TOLE

§ 52. Résistances des rivets...........................	78
§ 53. Diamètres et espacements des rivets..............	78

	pages
§ 54. Epaisseur maximum qu'il convient de ne pas dépasser pour les semelles d'une poutre..................	79
§ 55. Dimensions des cornières proportionnées aux diamètres des rivets................................	79
Tableau n° 56, résumant ce qui précède................	80
§ 57. Dimensions des têtes des rivets...................	80
§ 58. Formule pour déterminer le nombre de rivets d'un joint....................................	81
§ 59. Résistances à la rupture à substituer dans la formule précédente................................	82

ASSEMBLAGES DES POUTRES A PAROIS PLEINES.

§ 60. Des assemblages...............................	82
§ 61. Joint bout à bout de deux feuilles simples...........	83
§ 62. Joint bout à bout les mêmes feuilles réunies à des cornières.................................	83
§ 63. Assemblage de quatre feuilles superposées deux à deux....................................	84
§ 64. Assemblage de six feuilles superposées trois à trois..	86
§ 65. Maximum du nombre de sections de cisaillement d'un rivet....................................	86
§ 66. Couvre-joint de cornières........................	87
§ 67. Joint vertical de deux tôles formant la paroi d'une poutre....................................	87
§ 68. Montants verticaux.............................	89

POUTRES A PAROIS ÉVIDÉES.

§ 69. Diagonales en compression, montants en traction....	90
§ 70. Diagonales en traction, montants en compression....	90
§ 71. Combinaison des deux systèmes	90
§ 72. Section des diagonales dans une poutre chargée au milieu....................................	91
§ 73. Sections des diagonales dans une poutre chargée uniformément sur sa longueur....................	91

	pages
§ 74. Ce qui se fait en pratique sur la variation des sections de diagonales..............................	92
§ 75. Inclinaison à donner aux diagonales...............	92
§ 76. Application de ce qui précède à une poutre de 20ᵐ32 d'ouverture, avec treillis en fer plat.............	92
§ 77. Même poutre avec treillis en cornières ou en fer à T simple.......................................	94
§ 78. Assemblages des treillis	94

CHAPITRE IV

APPLICATION DES RENSEIGNEMENTS CONTENUS DANS LES CHAPITRES PRÉCÉDENTS A LA CONSTRUCTION DE GRANDS

PLANCHERS AVEC POUTRES EN TOLE

§ 79. Planchers des constructions de la Société immobilière *rue Mogador*, à Paris. — Détails d'exécution figurés planche 4ᵉ.....	95
§ 80. Plancher de 12 mètres d'ouverture; deux systèmes : 1° Avec poutres simples, détails planche 5ᵉ; 2° Avec poutres composées, id. 6ᵉ.......	97
§ 81. Plancher de 10ᵐ35 d'ouverture, avec voûtes en briques remplaçant le hourdage..................	106
§ 82. Même plancher de 10ᵐ35 d'ouverture, sans hourdage, les fers restant apparents....	107

CHAPITRE V

POITRAILS

	pages
§ 83. But des poitrails..................................	111
§ 84. Dispositions les plus usitées......................	111
§ 85. Inconvénient d'un poitrail formé de plusieurs poutres	111
§ 86. Moyens d'y remédier.............................	112
§ 87. Charges moyennes qu'ils supportent en façade.......	112
§ 88. Calcul des poitrails.............................	113
§ 89. Poitrails avec poutres en fer à double I............	113
§ 90. Poitrails avec poutres doubles en tôle.............	114
§ 91. Poitrails avec poutres simples en tôle.............	114
§ 92. Caissons..	114
§ 93. Poitrails avec poutres à bracons..................	115

CHAPITRE VI

NOTICE SUR LES

COLONNES EN FER ET EN FONTE

§ 94. Mémoire de M. Love...........................	117
§ 95. Influence du mode de fixation des colonnes sur la résistance....................................	117
§ 96. Influence de la forme des colonnes sur la résistance..	118
§ 97. Formules pour calculer la section des colonnes..	118
§ 98. Application des formules de M. Love.............	119

		pages
§ 99.	Tableau indicatif des charges par centimètre carré capables de rompre des colonnes à sections cylindriques pleines et creuses, pour les hauteurs comprises entre 5 et 50 fois le diamètre............	120
§ 100.	Observations sur le tableau qui précède.........	121
§ 101.	Charges pratiques à faire supporter aux colonnes pleines et creuses........................	122
§ 102.	Tableau des charges par centimètre carré que l'on peut faire supporter avec sécurité aux colonnes à sections cylindriques pleines et creuses, pour les hauteurs comprises entre 5 et 50 fois le diamètre.	123
§ 103.	Tableau des dimensions des colonnes pleines en fonte et en fer, et des charges qu'on peut leur faire supporter avec sécurité..................	124
§ 104.	Tableau des dimensions des colonnes creuses en fonte et des charges qu'on peut leur faire supporter avec sécurité............................	128

Paris. — Imp. Wiesener, rue Delaborde, 12.

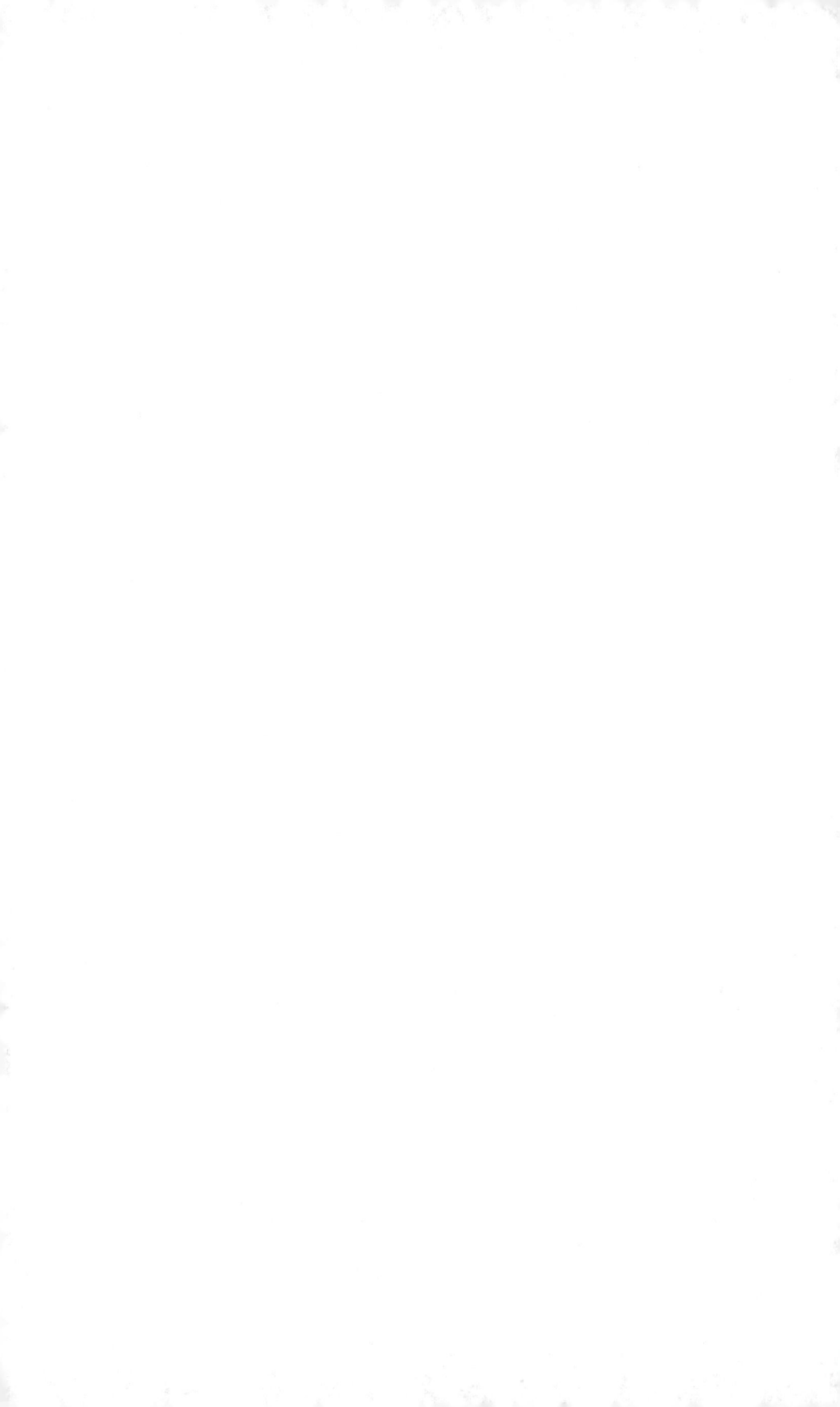

ÉTUDES PRATIQUES

SUR LA CONSTRUCTION DES

PLANCHERS ET POUTRES EN FER

AVEC NOTICE SUR LES

COLONNES EN FER ET EN FONTE

PAR

CÉSAR JOLLY ET JOLY FILS,

Ingénieurs civils, constructeurs.

ALBUM

Paris. — Imprimerie Wittersheim, rue Dechartres, 15.

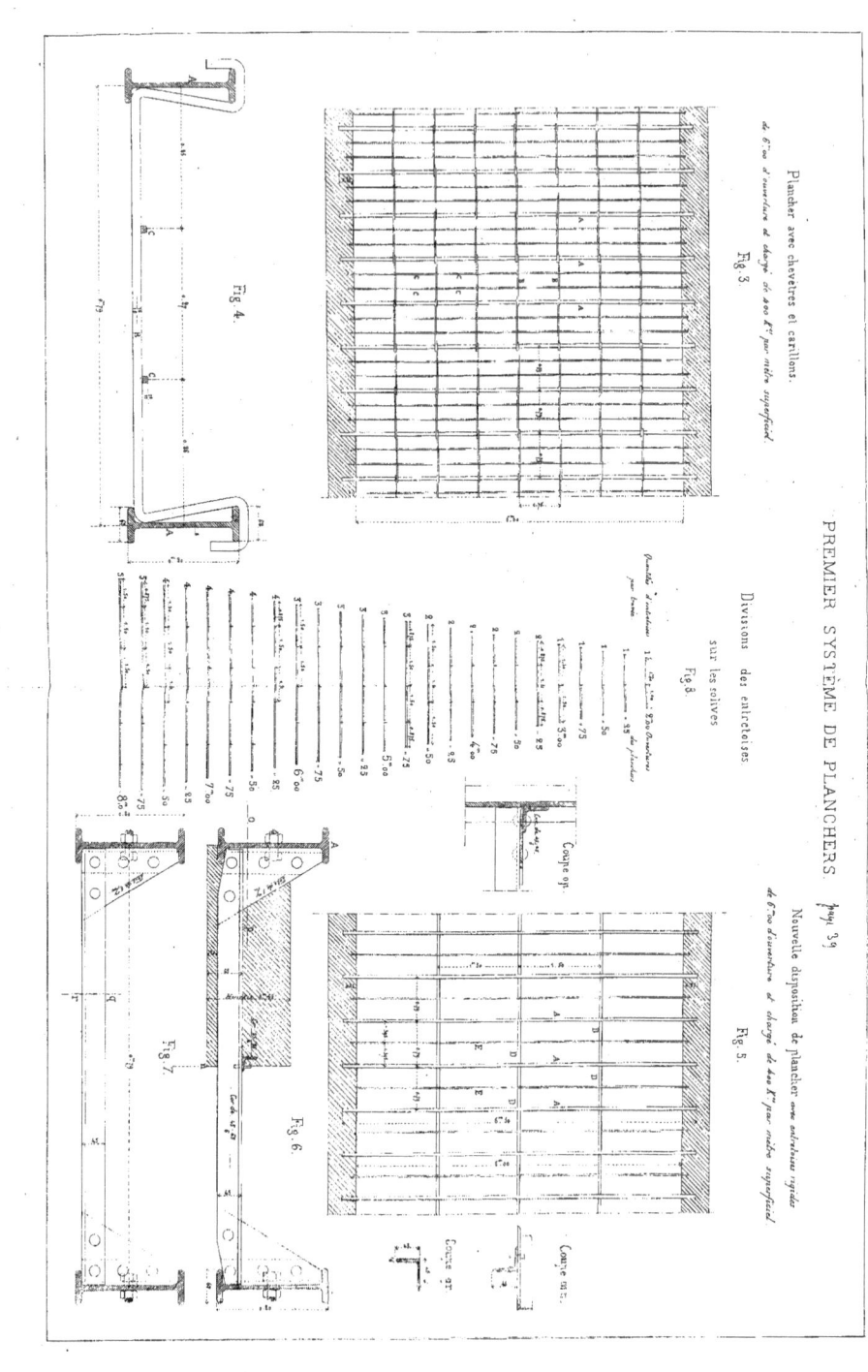

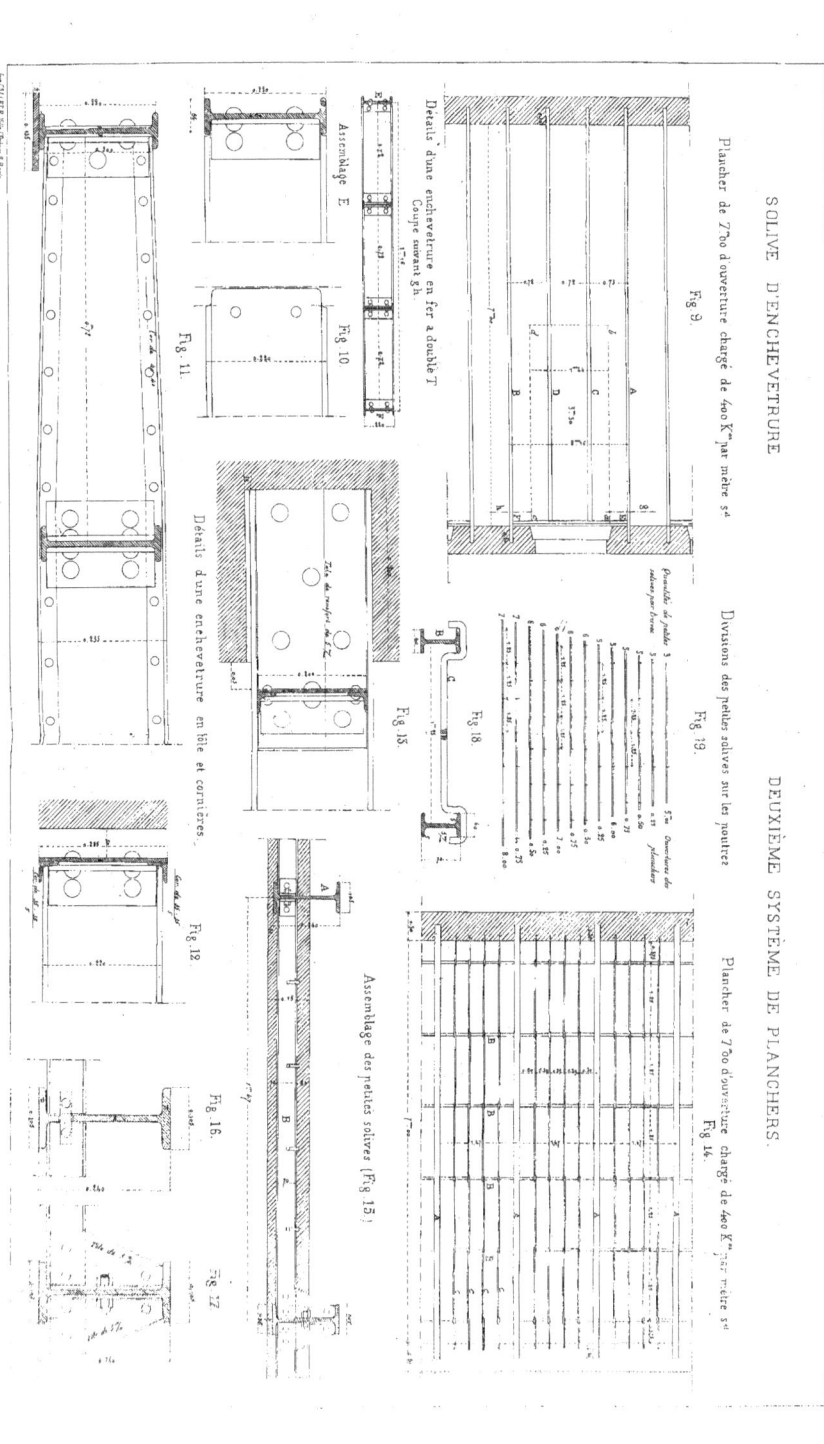

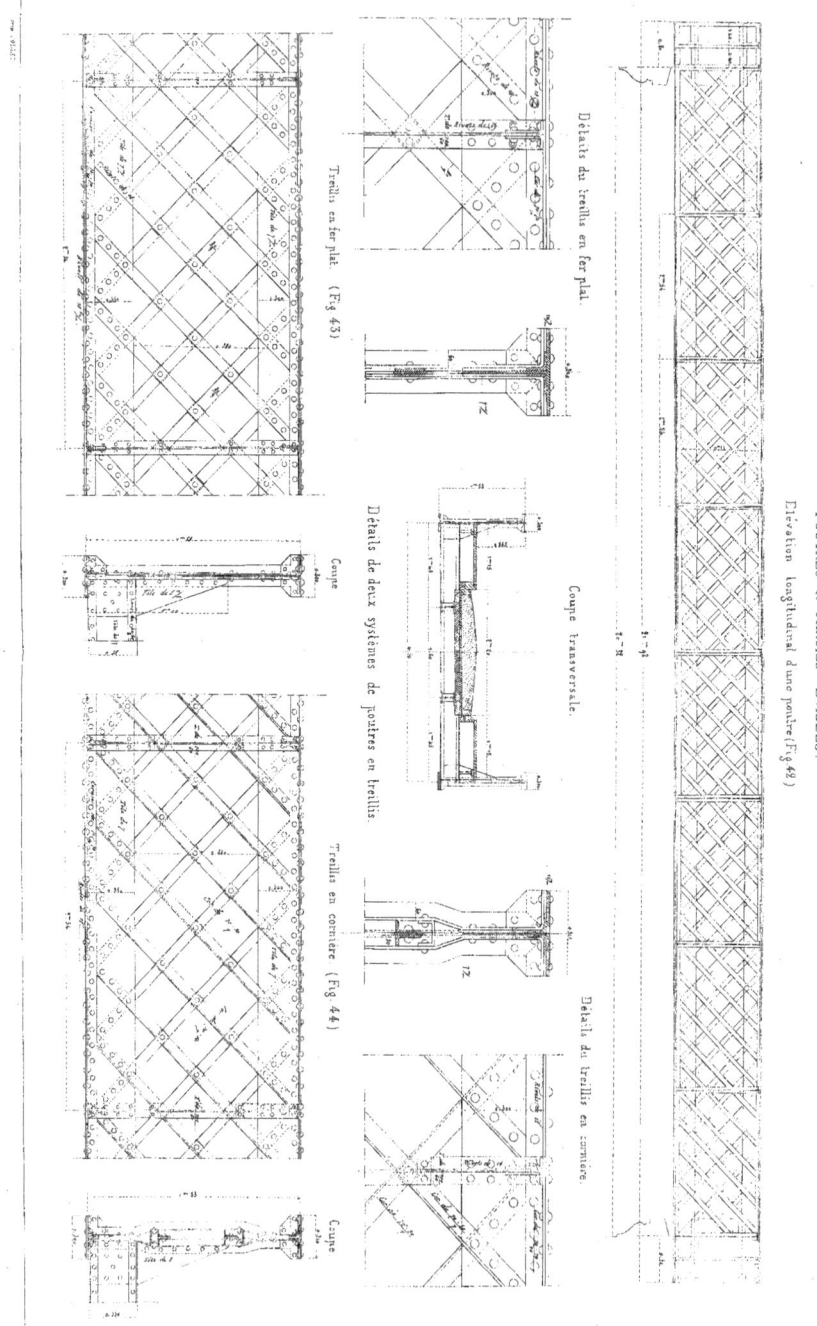

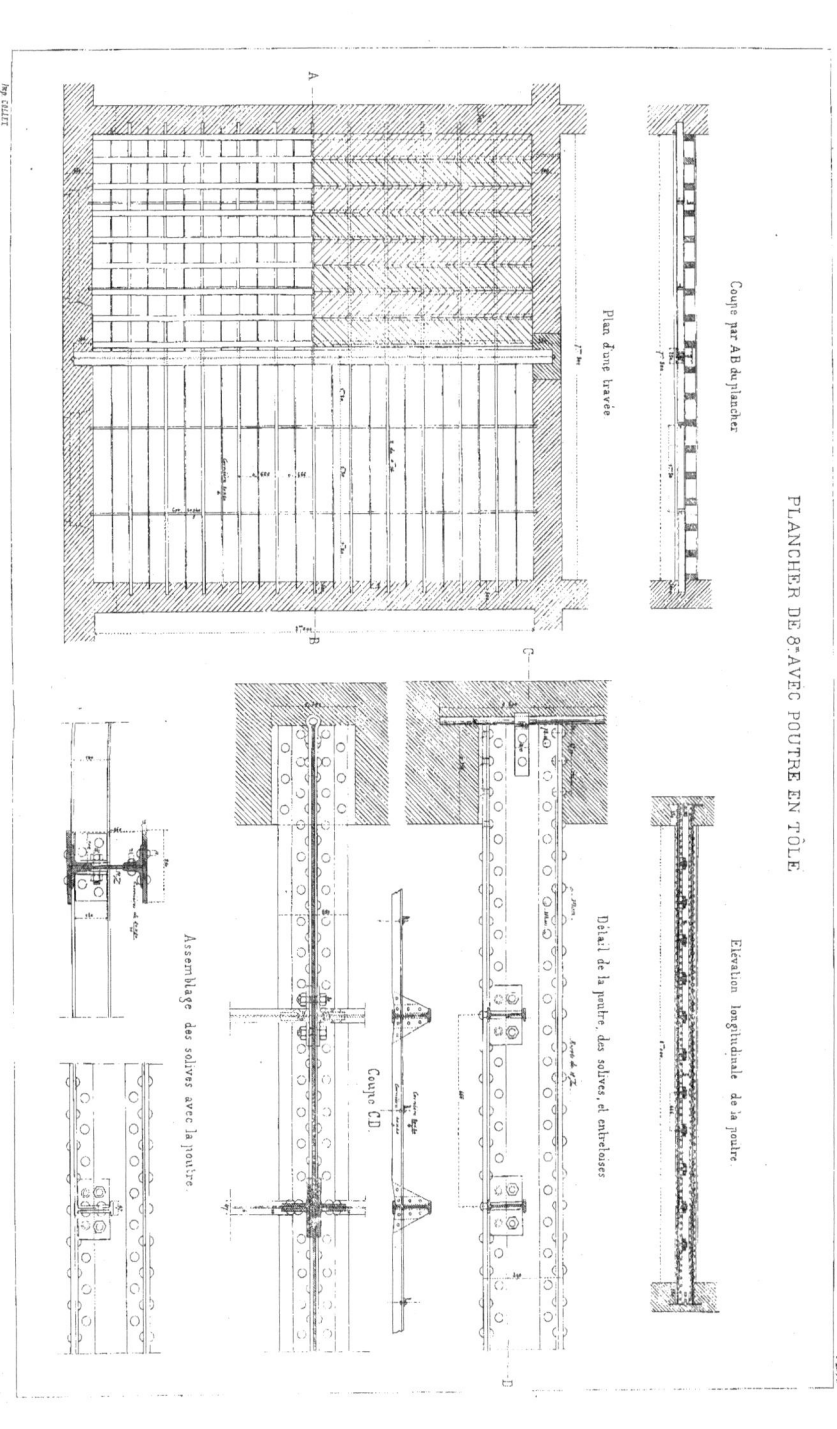

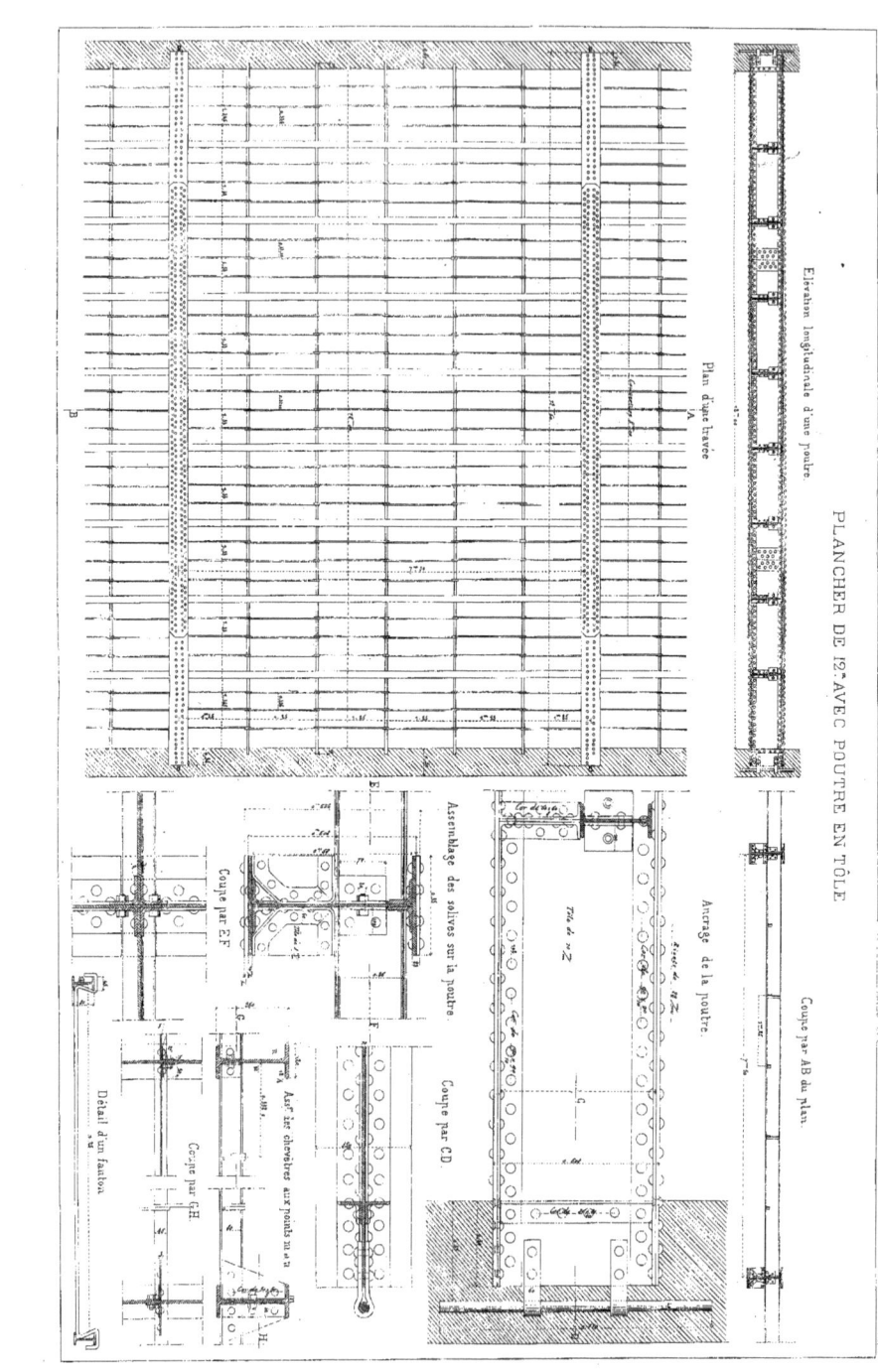

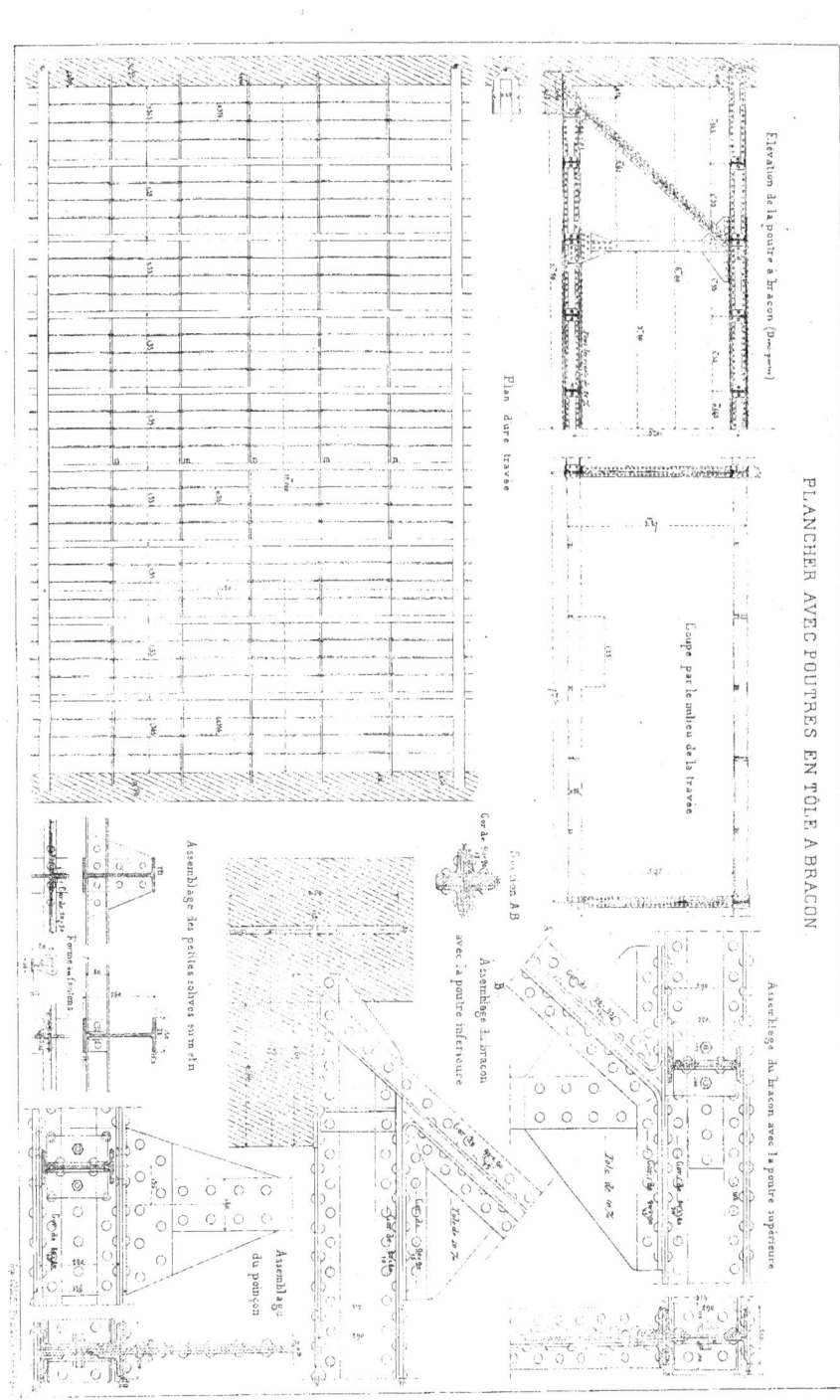

PLANCHERS AVEC VOUTES EN BRIQUE

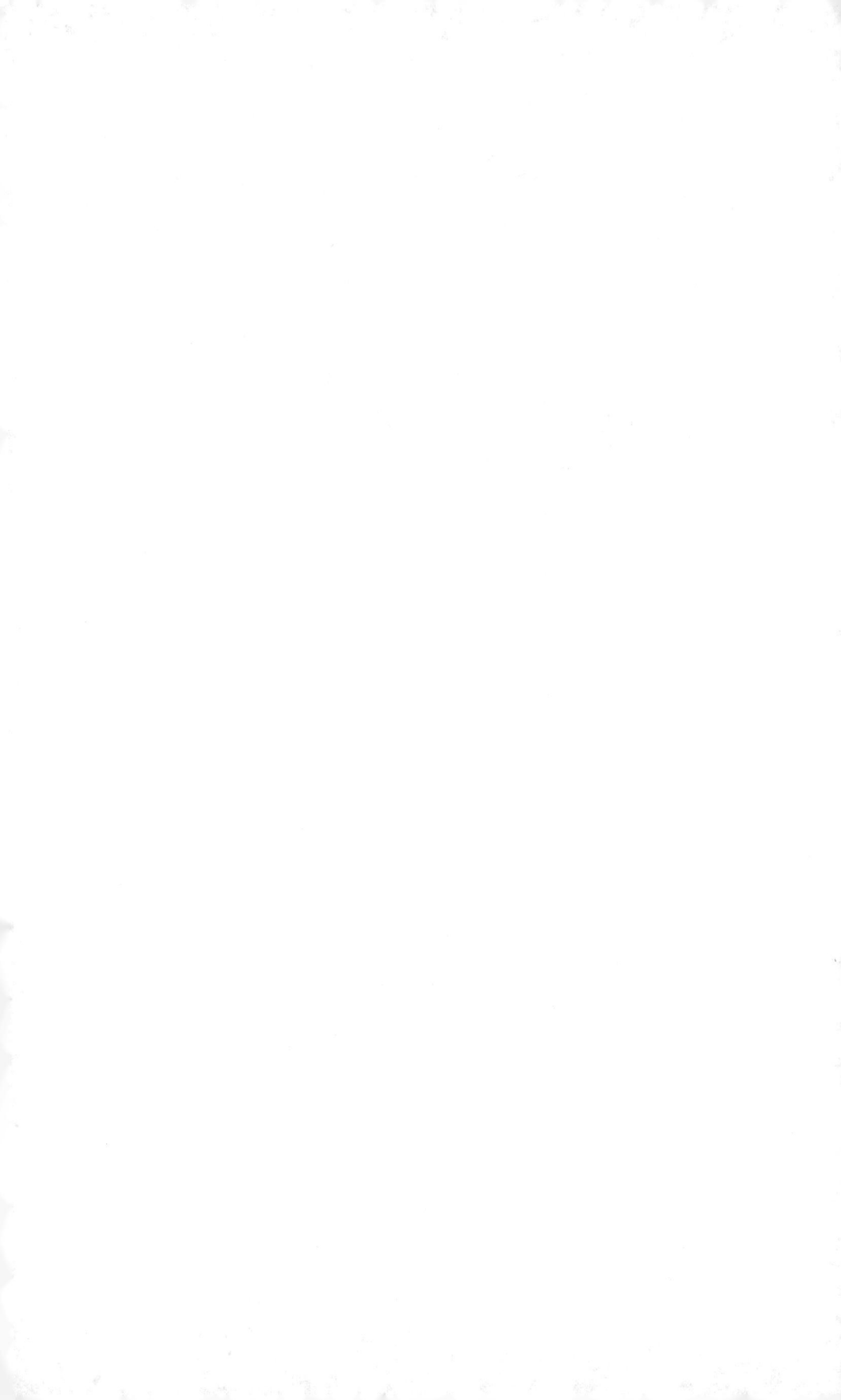

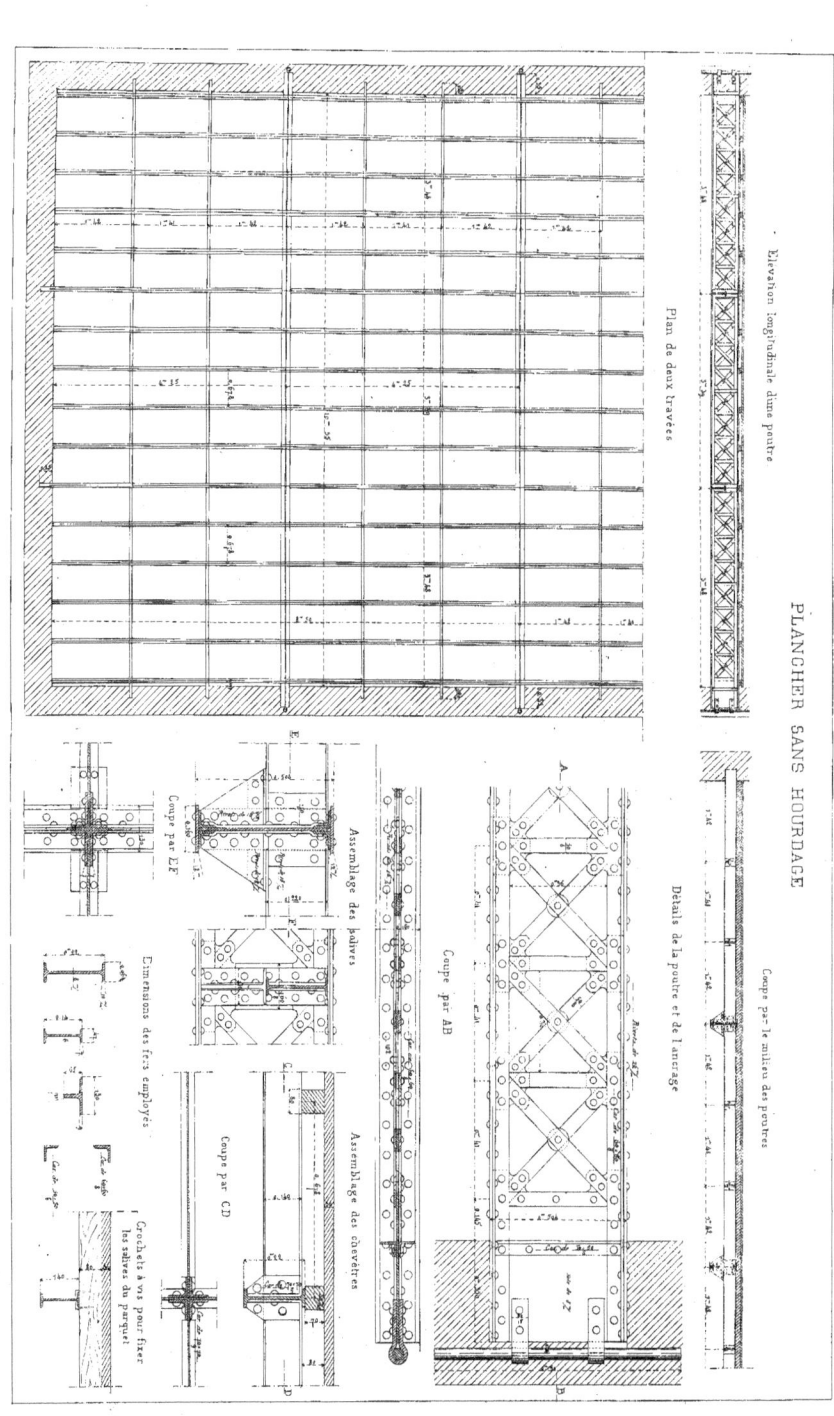

POITRAILS

www.ingramcontent.com/pod-product-compliance
Lightning Source LLC
Chambersburg PA
CBHW052255220526
45471CB00001B/352